JN076204

英語で TAGAKI®（多書き）トレーニング

株式会社 mpi 松香フォニックス 著

たくさん書けば どんどん話せる!

はじめに

TAGAKIシリーズはもともと子ども用のワークブックとして2018年に出版されたライティング教材でした。しかし、英語の「多読」という学習法に対象年齢がないように、この子ども用のワークブックも小学生、中学生、高校生、大学生、社会人、シニアの方まで、誰にでも楽しんで使っていただくことができました。このように、TAGAKIの学習法には対象年齢がありません。英語を学習したい人にはいつでもすぐに始められるのです。

TAGAKIシリーズの理念は、**Think**（考える）→ **Write**（書く）→ **Share**（伝える）です。Thinkでは短時間でトピックの内容を読み取り、そのトピックについて自分の考えをまとめること。Writeでは見本文の足場を利用しながら、短時間で自分の考えを書くこと。そしてShareでは、書いたものを見ないで書き、それを暗記して、他者にわかるように伝えることを目標としています。

この3つの理念は本書『英語でTAGAKIトレーニング』も同じです。TAGAKI トレーニングの概要は、Thinkでは1分間くらいでトピックの概要を捉え、自分の意見を決める。Writeでは3～5分間くらいで間違いのない英文を書く。Shareでは「1分間くらいで他者にわかるように内容を伝える」です。TAGAKI 10から始めて、段々にレベルが上がっていくにつれて、英語の文章量も増えますので、この目安の 所要時間は多少変化しますが、基本的には変わりません。

このトレーニングは基礎的な内容ですが、英語による現実のコミュニケーションでは「迅速に、わかりやすく」という現代社会のニーズに応える必要があります。このトレーニングで経験を積むことで、英語力という観点からは次のような成果が期待されます。

① 英語を早く読み取るスキルが向上する。

② 見本文やヒントを上手に利用することで、間違いのない英文を短時間で書くスキルが向上する。

③ 自分が書いたことを暗記して人に伝えようとすることで、単語やフレーズを自分のものとして蓄積するスキルが向上する。

こうしたスキルの向上は英語学習だけでなく、社会生活のあらゆる場面においても役立ちます。つまり、内容を短時間で捉えたり、自説を展開する筋道を立てたり、他者にわかるように伝えるパフォーマンスをする際にも大いに助けになるはずです。

TAGAKIトレーニングでは、一番上のレベルでも英語の長さは1分間ほどで発表できるものです。それ以上の長いスピーチや発表は特別な場合に課されるもので、一般的なやりとりでは、これ以上の長さはあまり必要ではないと考えています。

本書でTAGAKI 10〜50のトレーニングが終了したみなさま、またはこのトレーニングは自分には簡単すぎたと思った方は、ぜひ、次の段階に進んでいただきたいと思っています。TAGAKI シリーズには、Advanced（上級）の3冊が次のレベルとして展開されています。常に3つの理由を考えて論理的に自説を展開するエッセイ・ライティングを行う『Three Reasons』、世界の193カ国を知るためのプロジェクト学習であり、アカデミック・ライティングの端緒となる『Around the World』、そしてこれからの地球についての課題を自分ごととして捉え、世界の諸問題と日本における問題と解決法をシェアする糸口となる『SDGs: Problems and Solutions』の3冊です。このTAGAKIトレーニングに挑戦した多くのみなさまには、ぜひSDGsまで学習を進めていただきたいと願っています。

株式会社 mpi 松香フォニックス

CONTENTS

TAGAKI 10 ウォーミングアップの10題に挑戦！

TAGAKI 20 ライトコースの15題に挑戦！

TAGAKI 30 スタンダードコースの15題に挑戦！

TAGAKI 40 プレミアムコースの15題に挑戦！

TAGAKI 50 難関コースで仕上げの10題に挑戦！

「自力で英語を書ければ、自信をもって話せる！」

TAGAKIとは、ボルダリング競技である?!

TAGAKI（多書き）とは、一言で言えば「**英語で自分を表現することを学ぶための、ボルダリング競技みたいなもの**」です。ボルダリングでは、足場を左右の手でつかみながら、自力で登って行きます。指導者は声をかけたり、励ましたりはできても、いっしょに登ることはできません。多読もそうですよね。自分の力で本を読んでいく。TAGAKIも同じ。言わば**アクティブ・ラーニングの実践**です。TAGAKIでは「考える→書く→伝える」をトピックごとにくり返すことで自分の意見を持ち、英語を書けるようになります。

日本の英語教育では、文法主体の学習となりがちです。「今日はcanだけを使って話しましょう」と言ったりしますが、そのような会話は実際にはありません。そこでTAGAKIでは**文法ベースではなく、トピックベース**で学習を進めます。トピックが上位で、その話題を話すのに必要な文法は下位にあるという考え方です。この本では最初は10語前後の文からスタートして50語前後の文まで、つまりTAGAKI 10・20・30・40・50までで、合計65ものトピックが収録されています。

自力で英語を書く力をつけるための足場として、メンタル面と英語スキル面の2種類（右上図）を用意しました。この足場を使って登り、頂上を目指しましょう。どうして2種類必要かというと、多くの日本人が抱える英語で自分を表現するときの「ためらい」や「無自覚な感情」を整理しないと、英語面だけを鍛えても頂上に登れないからです。そこでメンタル面の課題には、日本人が苦手な「自分の考えを即断即決すること！」（え～、う～と言葉に詰まらない）、「肯定か否定かをハッキリさせる」といったテーマを入れています。特に日本人はNoと言うのが苦手で

	メンタル面	スキル面
TAGAKI 50	自分の意見を述べ、 「おち」も自分で考える。	検索結果を反映し、 50語前後の英文を書く。
TAGAKI 40	自分の創造性をアピールする。	オリジナルの2文を含め、 40語前後の英文を書く。
TAGAKI 30	相手に伝わる3段構成を 身につける。	30語前語の英文で 「なりきりライティング」。
TAGAKI 20	1か2か、肯定か否定かを ハッキリさせる。	英語1文ではなく、3文で書く。
TAGAKI 10	自分の気持ちを即断即決する。	10語前後の英文をたくさん書く。

TAGAKIにはメンタル面と英語スキル面、2種類の目標が用意されている。ボルダリングで両手でホールド（石）をつかんで上に登るように、これら2種類の目標を念頭に置き、自力でレベルアップしていこう！

すよね。日本は、その場の空気を読んでI don’t think... （私は～とは思わない）と言うのをためらう同調圧力の強い社会ですから。

 添削に頼っていては、いつまでも書けない?!

TAGAKIではどんなトピックを扱うのかと言うと、「世界の人々が話している普遍的な話題」、「意見が分かれやすい日常的な話題」、それから「海外に出たときに必要な日本に関する話題」などです。どんなトピックを振られても短い時間で自分の考えをまとめて、話す力を身につけましょう。

日本の英語教育でなぜ文法が重視されてきたかというと「正しい英語」にこだわるからです。そのために徹底的に文章を添削するといった指導を行います。しかし、私は基本的には**学習者が自力で自分の間違いに気づく力をつけるトレーニング**こそが必要だと考えています。先生がいつまでもそばにいて添削するというわけにもいきませんので。

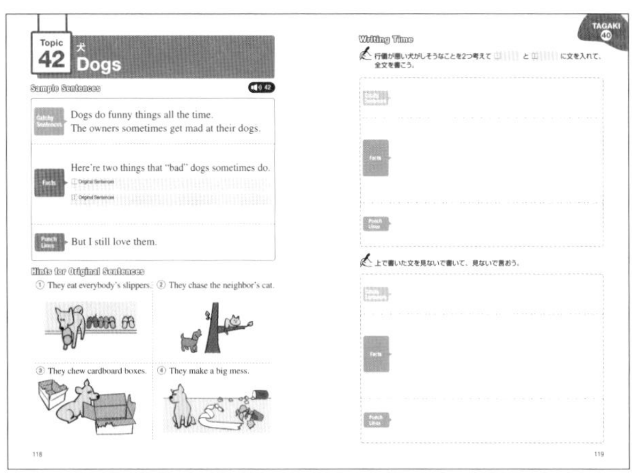

例えば TAGAKI 40 では、弁当・映画・温泉のマナー・マヨネーズなど、日本特有の話題から世界共通の普遍的な話題まで、様々なトピックが用意されています。

インプットとアウトプットを近づける！

またTAGAKIでは、学習者の創造性や独自性を尊重し、「英語の正しさ」よりも**「伝えたい内容の濃さ」**を重視しています。学習者がユニークなことを書いたときは、少々の間違いがあったとしてもすぐに直してはいけません。内容が面白ければ良しとする。そうせずに「添削」という名目で指導者が書き直してしまうと、それは指導者の英作文になってしまうからです。特にTAGAKI 40からはその点を重視しています。

英語学習で大事なのは、最初から単語ではなく、**文単位**で表現することです。何でも単語で話しがちなのが日本人の悪いクセです。英語は必ず主語と動詞をセットで考えるようにしましょう。TAGAKI 10では、10語程度の文を最小単位としてスタートし、TAGAKI 20では1文ではなく、3文で書く練習をします。段々と文が長くなってきたTAGAKI 30からは、つかみ（Catchy Sentences）・事実（Facts）・おち（Punch Lines）という文の構成を意識します。TAGAKI 30までは文を書き写す箇所も多いのですが、TAGAKI 40ではオリジナルの文にも挑戦します。TAGAKI 50ではネットで検索した結果を英文に反映し、「おち」も自分で考えます。西洋では「冗談の言えない人間はコドモ」と言われたりします。英語で冗談を言えるぐらいにはなりましょう。

TAGAKIは、**インプットとアウトプットの距離を近づけること**を大きな目標に掲げています。従来の英語教育はインプット主体で構成されてきました。英語の大学入試の95%がリーディング問題で、5%がリスニング問題という時代も長く続きました。要はどちらもインプットを測るもので、アウトプットは後回しでした。

しかし、TAGAKIは、自分で「考えて→書く」までがインプットで、「書いて→伝える」までがアウトプットです。インプットは、はじめは見本の英文を写して書く、マネして書くのが中心です。アウトプットは、自分が書いた英文をもう一度見ないで書く、自分が書いた英文を見ないで伝えるということをします。つまり、TAGAKIではこのようにしてインプットからアウトプットまでの距離を近づけていきます。

TAGAKI の長所は、話題を全員で共有できること

TAGAKIでは、それを書き写せば間違いが出ないように例文やヒントをたくさん与えて足場かけをします。そうすることで、より正しい、通じやすい英文が書けるように誘導していきます。そのため書き写しも多くなりますが、**自由に書いてもらう箇所を限定することで、「添削しない英作文」を可能にしています**。正しい例文をもとにして英語を書くので、英語を話すときも間違いが起こりません。安心して話すことができます。TAGAKIに出てくる英文は、日本人の学習者がつまずきやすい、aがつくか、theがつくか、数えられる名詞か数えられない名詞かといった問題はすべて徹底的にチェックした上で、解決してあります。

TAGAKIの本を出版してわかったのは、やはり「話すのは楽しい」ということです。TAGAKIでは、例文やヒントを手本にして書けば、正しい英語が書けることをある程度保証していますから、添削する必要がありません。また、たとえ英語のレベルが異なる者同士でも、同じ話題で盛り上がることができます。ぜひ、たくさん書いて、どんどん話してください。

音声を聞くには？

方法1 ストリーミング再生で聞く場合

面倒な手続きなしにストリーミング再生で聞くことができます。

※ストリーミング再生になりますので、通信制限などにご注意ください。
また、インターネット環境がない状況でのオフライン再生はできません。

このサイトにアクセスするだけ！

https://bit.ly/3hDvbyW

❶ 上記サイトに**アクセス！**

❷ アプリを使う場合は SoundCloud に アカウント登録（無料）

方法2 パソコンで音声をダウンロードする場合

パソコンで mp3 音声をダウンロードして、スマホなどに取り込むことも可能です。（スマホなどへの取り込み方法はデバイスによって異なります。）

❶ 下記のサイトにアクセス

https://bit.ly/36dOppz

❷ パスワードの「tagaki」を入力する

音声は PC の一括ダウンロード用圧縮ファイル（ZIP 形式）でのご提供です。
解凍してお使いください。

TAGAKI 10

ウォーミングアップの 10 題に挑戦！

※ここでは TAGAKI ® 10 の 30 トピックの中から 10 題を抜粋します。

TAGAKI 10 の目標

メンタル	スキル
自分の気持ちを即断即決する。	10語前後の英文をたくさん書く。

メンタル

 自分の気持ちを即断即決する。

まず**「自分の気持ちを決めること」**が、TAGAKI 10の大きな目標です。例えその話題について今まで考えたことがなくても、その話題を拒絶するのではなく、自分が日頃何を考え、何を感じているか、とにかく書いてみましょう。無自覚であったことの糸をたぐり、自分探しをしてください。

どのような話題についても、即断即決で自分の気持ちを表現できる方は何の問題もありません。それができる人はそれだけで半分、国際人と言えるでしょう。そしてそれを英語で言えたらもう立派な国際人と言えます。ここで紹介した10のトピックについて、自分の気持ちを短時間で整理し、表現できるようになることが大切です。英語は文法別に学ぶのではなく、トピック別で学びましょう。

スキル

 10語前後の英文をたくさん書く。

自分の気持ちが定まったら、いよいよ**10語前後の英文をたくさん**書いていきましょう。英語を書くのに慣れていないと、はじめは「ああ面倒くさい」と思うかもしれませんが、初めの5回を過ぎたら楽になるのでがんばりましょう。書くのに慣れている方は、機械的に書くのではなく、自分の言いたいことについて考えをまとめながら書いてみましょう。そして書いた文を声に出して音声化することにも慣れていきましょう。なお、1つのトピックについて自分の考えを英語で書く目標時間は**3～5分間**です。

英語学習における書くことのメリットは「すべての記録が残る」ことで

す。スピーキングは手元に記録が残らないため、自分の進歩がいまいちよくわかりません。しかし、書いたことはすべて記録に残るので復習も簡単ですし、自分の進歩も目で確認することができます。

自分の気持ちを 10 語前後で表現する習慣を。

TAGAKI 10 で大切なことは、単語ベースではなく、**10 語（10 words）前後の文で自分の気持ちを表現する**という習慣を身につけることです。10 語前後を 1 つの最小単位としましょう。英語という言語では、聞く・話す・読む・書くのすべてを文単位で表現するのが大原則です。文単位で人に伝えるというやり方のほうが、様々な国籍の人が集まって言葉を使う際にも誤解が生じにくいものです。

日本人がどうして単語だけで英語を通じさせようとしがちかというと、毎日の生活の中で、単語だけを使ってコミュニケーションを成立させているからです。「明日行く？」「行く！」のように、日本人は日頃、往々にして単語だけでコミュニケーションを成立させることが多いです。お互いに通じていれば主語を省きますし、時には動詞すらも省きます。「私は親子丼（を注文するわ）」「じゃ、私はうなぎ（に決めた）」のように、動詞がなくても会話が成立する場合もあるからです。しかし、そのような主語や動詞を省いた表現は基本的には、英語ではしません。

著者の体験談になりますが、近所に住んでいるアメリカ人の奥様に赤ちゃんが生まれました。最初にどのような英語を話し始めるのかをとても楽しみにしていました。いよいよ話し始めると、「ツア、バー」などと言うのです。何を言っているのかというと、It's a bird. ということでした。赤ちゃんが何かを指差すたびにお母さんが、It's a ... のように言うので、それを真似ているのでした。初めから文なのです。さらに、英語圏では「単語で物事を言われるのは、奴隷か兵士か使用人だけだ」と言われることすらあります。ですから、英語は単語ベースではなく、必ず**文単位で**表現するように心がけてください。

TAGAKI 10の進め方

それでは、次のページからいよいよTAGAKI 10のトレーニングを始めましょう。トレーニングは次の手順で進めます。

考える

Step 1 トピックを確認し、それについて考えることが大切です。前述したように、自分の考えをまとめる目標時間は3～5分間。タイマーを用意してセットするのもよいアイデアです。入れかえ用の単語やフレーズが、イラストを見てもわからない場合は、スマホやパソコン、辞書などで調べましょう。

Step 2 音声を確認しましょう。

書く

Step 3 ここでは全部で6つの文を書きます。空欄の部分をWord & Phrases ①～⑫から自分で選んだものに入れかえましょう。入れかえ単語は選択肢の中から選んでバリエーションを替えて書き写しましょう。選択肢の中に自分の考えに合ったものがなければ自分で調べて書いても大丈夫です。始めは5分くらいを目標にし、徐々に速く書けるようにしましょう。

Step 4 上で書いた文から1つずつ選んだ3つの文を、今度は左の選択肢を見ないで書きましょう。自分の考えを英語で伝えるための練習です。

伝える

Step 5 Step 4で書いた3つの文を暗記して、何も見ずに声に出して言ってみましょう。この自分で書いた文を声に出す習慣をつけることが大切です。

Topic 1 いろいろな運動 Athletics

Sample Sentences

Ⓐ 得意な運動
I'm good at handstands.

Ⓑ 苦手な運動
I'm not good at long-distance running.

Ⓒ 挑戦してみたい運動
I want to try triple twists.

Words & Phrases

① triple twists ② backflips ③ backward rolls ④ cartwheels ⑤ forward rolls ⑥ handstands ⑦ pullovers ⑧ jumping rope ⑨ long-distance running ⑩ push-ups ⑪ sprinting ⑫ standing on one leg

18

考える

Step 1

トピックについて考えましょう。
Sample Sentences ⒶⒷⒸの文を読みましょう。
Words & Phrases ①～⑫のイラストを見て、なるべく早くどれを書くかを自分で決めましょう。

Step 2

Sample SentencesとWords & Phrasesの音声をチェックしましょう。

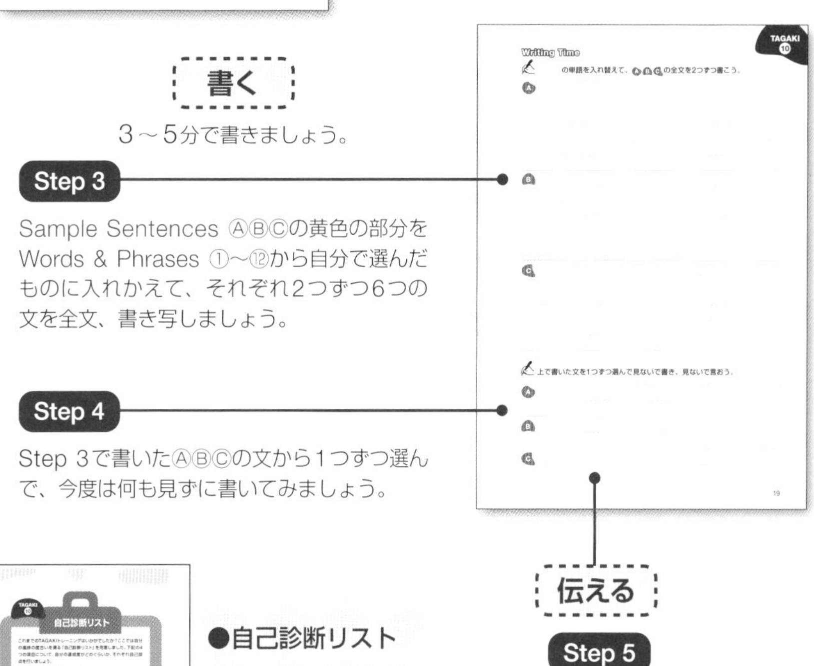

Writing Time

の単語を入れ替えて、ⒶⒷⒸの全文を2つずつ書こう。

Ⓐ

Ⓑ

Ⓒ

上で書いた文を1つずつ選んで見ないで書き、見ないで言おう。

Ⓐ

Ⓑ

Ⓒ

19

書く

3～5分で書きましょう。

Step 3

Sample Sentences ⒶⒷⒸの黄色の部分をWords & Phrases ①～⑫から自分で選んだものに入れかえて、それぞれ2つずつ6つの文を全文、書き写しましょう。

Step 4

Step 3で書いたⒶⒷⒸの文から1つずつ選んで、今度は何も見ずに書いてみましょう。

伝える

Step 5

Step 4で書いた文を覚えて声に出して言いましょう。

自己診断リスト

●自己診断リスト

各トレーニングの最後には、自分で自分の進歩を検証することができるCAN-DOリストがついています。今の自分がどのパターンに当てはまるかを確認しましょう。

Topic 1 いろいろな運動 Athletics

Sample Sentences

🔊 01

A 得意な運動

I'm good at handstands.

B 苦手な運動

I'm not good at long-distance running.

C 挑戦してみたい運動

I want to try triple twists.

Words & Phrases

① triple twists ② backflips ③ backward rolls ④ cartwheels

⑤ forward rolls ⑥ handstands ⑦ pullovers ⑧ jumping rope

⑨ long-distance running ⑩ push-ups ⑪ sprinting ⑫ standing on one leg

Writing Time

の単語を入れ替えて、A B C の全文を2つずつ書こう。

A

B

C

上で書いた文を1つずつ選んで見ないで書き、見ないで言おう。

A

B

C

Topic 2 ネコ Cats

Sample Sentences

02

A ネコが好きな理由
I like cats, because they're independent.

B ネコが好きではない理由
I don't like cats, because they're noisy.

C ネコについて思うこと
I think that cats are selfish.

Words & Phrases

Writing Time

の単語を入れ替えて、A B C の全文を2つずつ書こう。

A

B

C

上で書いた文を1つずつ選んで見ないで書き、見ないで言おう。

A

B

C

Topic 3 家族について Family Members

Sample Sentences

03

A 私の姉／妹が楽しむこと
My sister enjoys taking a bath.

B 私のおばあさんが好きなこと
My grandma likes singing.

C 飼っている犬が大好きなこと
Our dog loves taking a nap.

Words & Phrases

① cooking

② dancing

③ driving

④ fishing

⑤ playing games

⑥ playing shogi

⑦ playing the piano

⑧ practicing calligraphy

⑨ relaxing on the sofa

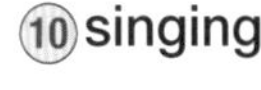

⑩ singing

⑪ taking a bath

⑫ taking a nap

Writing Time

の単語を入れかえて、A B C の全文を2つずつ書こう。
をほかの家族にかえて書いてもよいです。

A

B

C

上で書いた文を1つずつ選んで見ないで書き、見ないで言おう。

A

B

C

Topic 4 ファッション Fashion

Sample Sentences

04

Ⓐ やってみたいファッション
I want to try a crazy wig.

Ⓑ やってみたくないファッション
I don't want to try a topknot.

Ⓒ やったことがないファッション
I haven't tried colorful nails.

Words & Phrases

① pierced ears

② big rings

③ blonde hair

④ colorful nails

⑤ a crazy wig

⑥ false eyelashes

⑦ high-heeled shoes

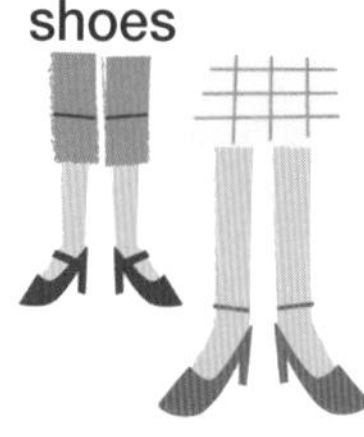

⑧ jeans with holes

⑨ long skirts

⑩ necklaces

⑪ permed hair

⑫ a topknot (samurai hairstyle)

Writing Time

の単語を入れ替えて、A B C の全文を2つずつ書こう。

A

B

C

上で書いた文を1つずつ選んで見ないで書き、見ないで言おう。

A

B

C

Topic 5

もし100万円もらったら…
If I Get One Million Yen ...

Sample Sentences

05

A もし100万円もらったらすること
I'll buy all the games.

B もし100万円もらってもしないこと
I won't save the money.

C もし100万円もらったらするべきこと
I should give it to my mom and dad.

Words & Phrases

① build a tree house

② buy a car

③ buy a dog

④ buy all the games

⑤ buy lottery tickets

⑥ donate it

⑦ give it to my mom and dad

⑧ go on a cruise

⑨ go overseas

⑩ have parties

⑪ save the money

⑫ stay at a luxury hotel

Writing Time

の単語を入れ替えて、A B C の全文を2つずつ書こう。

A

B

C

上で書いた文を1つずつ選んで見ないで書き、見ないで言おう。

A

B

C

Topic 6

興味をもっていること Interests

Sample Sentences

06

A 興味を持っていること
I'm interested in movie stars.

B 興味を持っていないこと
I'm not interested in the Internet.

C 全く知らないこと
I have no idea about sports.

Words & Phrases

① artists

② comic books

③ fashion

④ friends' romances

⑤ Japanese history

⑥ money

⑦ movie stars

⑧ politics and economics

⑨ sports

⑩ the Internet

⑪ video games

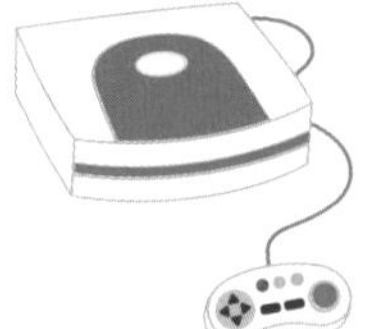

⑫ World Heritage Sites

Writing Time

の単語を入れ替えて、A B C の全文を2つずつ書こう。

A

B

C

上で書いた文を1つずつ選んで見ないで書き、見ないで言おう。

A

B

C

Topic 7

ロケーション Locations

Sample Sentences

A 家の近くにあるもの

There's a park near my house.

B 家から遠くにあるもの

There's a shopping mall far from my house.

C 家の近くにあってほしいもの

I want a dog park near my house.

Words & Phrases

1. an amusement park
2. a cafe
3. a city hall
4. a dog park
5. a game center 
6. a library
7. a park
8. a restaurant
9. a school 
10. a shopping mall
11. a station
12. a movie theater

Writing Time

の単語を入れ替えて、A B C の全文を2つずつ書こう。

A

B

C

上で書いた文を1つずつ選んで見ないで書き、見ないで言おう。

A

B

C

Topic 8 昔 Past

Sample Sentences

🔊 08

A 赤ちゃんの時の自分
I was fat when I was a baby.

B 子どもの時の姉／妹
My sister was active when she was a child.

C 赤ちゃんの時の兄／弟
My brother was noisy when he was a baby.

Words & Phrases

① active

② calm

③ fat

④ gentle

⑤ greedy

⑥ naughty

⑦ noisy

⑧ pretty

⑨ quiet

⑩ selfish

⑪ smart

⑫ thin

Writing Time

の単語を入れかえて、A B C の全文を2つずつ書こう。

A

B をmom、grandmaにかえて書いてもよいです。

C をdad、grandpaにかえて書いてもよいです。

上で書いた文を1つずつ選んで見ないで書き、見ないで言おう。

A

B

C

Topic 9

味覚 Taste

Sample Sentences

🔊 09

A 好きなおやつの味

I like sweet snacks.

B 好きではない味

I don't like a sour taste.

C 食べてみたい食べものの味

I want to eat bitter food.

Words & Phrases

① bitter

② fruity

③ hot

④ mild

⑤ oily

⑥ rich

⑦ salty

⑧ sharp

⑨ sour

⑩ spicy

⑪ strange

⑫ sweet

Writing Time

の単語を入れ替えて、A B C の全文を2つずつ書こう。

A

B

C

上で書いた文を1つずつ選んで見ないで書き、見ないで言おう。

A

B

C

Topic 10

世界遺産
World Heritage Sites

Sample Sentences

10

A 行ったことがある世界遺産
I've been to Shiretoko.

B 行ったことがない世界遺産
I've never been to Angkor Wat.

C いつか行ってみたい世界遺産
I want to go to Machu Picchu someday.

Words & Phrases

① Angkor Wat

② Himeji Castle

③ Horyuji Temple

④ Machu Picchu

⑤ Mount Fuji

⑥ the Great Wall of China

⑦ Shiretoko

⑧ the Ogasawara Islands

⑨ the Sydney Opera House

⑩ the Tomioka Silk Mill

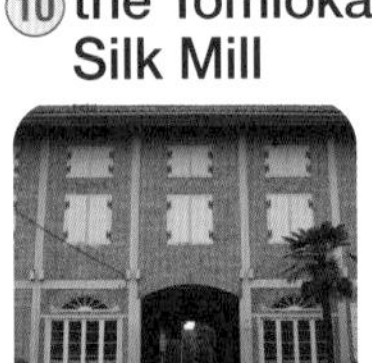

⑪ Victoria Falls

⑫ the Yaku Island

Writing Time

の単語を入れ替えて、A B C の全文を2つずつ書こう。

A

B

C

上で書いた文を1つずつ選んで見ないで書き、見ないで言おう。

A

B

C

TAGAKI 10

自己診断リスト

これまでのTAGAKIトレーニングはいかがでしたか？　ここでは自分の進捗の度合いを測る「自己診断リスト」を用意しました。下記の4つの項目について、自分の達成度がどのぐらいか、それぞれ自己採点を行いましょう。

① 単語を即断即決して選べた。

② 即断即決した単語を入れて 6 文書けた。

③ 見ないで 3 文書けた。

④ 書いた文を見ないで言えた。

自己採点表		
	これからできるようになる！	0 点
	少しならできる！	2 点
	時々ならできる！	4 点
	だいたいできる！	6 点
	ほとんどできる！	8 点
	自信をもってできる！	10 点

TAGAKI 20

ライトコースの15題に挑戦！

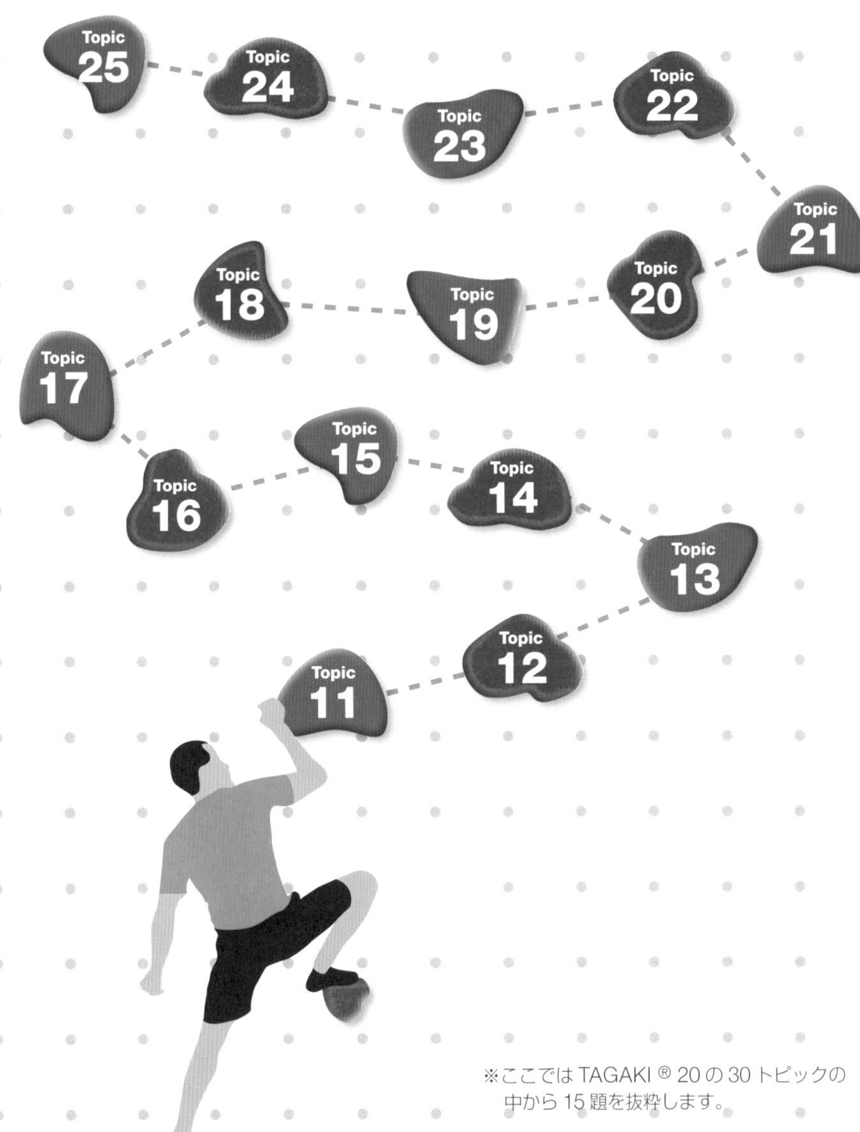

※ここではTAGAKI ® 20の30トピックの中から15題を抜粋します。

TAGAKI 20 の目標

メンタル
1か2か、肯定か否定か、ハッキリ決める。

スキル
英語1文ではなく、3文で書く。

メンタル 言いたいことを恐れずにハッキリと表現しよう！

TAGAKI 20では、朝ごはんをたっぷり食べるか食べないか、ペットを飼っているか飼っていないかなど、意見や立場が分かれるトピックを扱います。自分はどちらのタイプかをパッと決めて、スラスラと書けるように練習しましょう。

日本人は和を尊ぶ民族ですから、1の選択肢か2の選択肢かを即決したり、肯定か否定かをハッキリ述べたりするのが苦手という方も多いでしょう。特に否定を表現するには相当な勇気が必要な場合があります。しかし個人の考えは考えで、否定を表明したからといって相手の人格を否定しているわけではありません。

日本人だけのグループで日本語だけで会話することと、多様な人種が集まる国際的なグループの中で英語を使って発言することは「場が違う」ということを自覚する必要があります。

日本人がハッキリ物を言わないことについては、日本語から来る影響もあるでしょう。日本語では「～だと思います」、「～だと思いません」のように表すので、文の最後になって初めて結論がわかったりします。

一方、英語ではI think...、I don't think... のように自分の考えや立場を文頭でハッキリと示します。ですから、英語で書く場合は英語の作法にならって**賛成か反対か、最初に自分の意見や立場を明確にする**ところから書き始めましょう。

文を重ねていくことで、自分の意見を表明しよう！

TAGAKI 20 では、少し文章が長くなります。**英語 1 文だけではなく、3 文程度（20 語前後）で**自分の言いたいことをハッキリ表現しましょう。

例えばトピックが Eating Things First（先に食べる）の場合（→ *p.*54）で考えてみます。このトピックについて、①と②の 2 つの考え方が示されています。①が基本で、それを否定する内容が②です。まずは Sample Sentences を見て自分は①②のどちらのタイプかを決め、自分の立場をハッキリと表明します。

次に Words and Phrases のⒶⒷを見ましょう。Ⓐの 4 つのヒントの中から 1 つを選んで、自分の考えになるべく近い英文を書きます。同様にⒷの 4 つのヒントの中から 1 つを選んで英文を書きます。好きなものから先に食べる理由（食べない理由）を挙げ、また先に食べるとどうか（食べないとどうか）を具体的に説明していきます。

このように文を重ねていくことで、自分の言いたいことをハッキリ表現することができます。ヒントⒶⒷの選択肢と自分の考えがどうしても合わない場合は、自分で考えて書いても結構です。

なお、この TAGAKI シリーズでは TAGAKI 20・30・40・50 のすべての見本文の最後は面白い冗談で終わっています。つまり、「おち」ということです。「おち」をつけるといっても、高度な冗談を言う必要はありません。例えば「（好きなものから）先に食べる」か否かというトピックの場合、最後の「おち」は I want to eat it again!（もう一度食べたい！）、あるいは I save the best for last.（私は最高のものは最後に取っておきます）となっています。このような「おち」を考えるのが得意という方は、自分なりの「おち」に変えて書いても、もちろん構いません。反対にこのようなことを考えるのが不得意だと思う方は、TAGAKI 20 を学習している間に、書き写しながら修行してください。

TAGAKI 20の進め方

それでは、次からいよいよTAGAKI 20のトレーニングを始めましょう。TAGAKI 20の段階で自分のトピックの内容をつかみ、自分はどちらのタイプかをパッと決めて、すらすらと書けるようになったらすばらしいことです。トレーニングは下記の手順で進めます。

考える

Step 1 トピックを確認したら、①と②のイラストの違いを見て、自分は①と②のどちらのタイプかを決めましょう。自分が選んだほうの見本文を読みます。

Step 2 音声を確認しましょう。

書く

Step 3 自分が選んだ見本文にⒶとⒷのヒントから自分に当てはまるものを入れて、全文（20語前後）を書きましょう。自分に当てはまるものがなければ、自分で考えたものを書いてもよいです。

Step 4 もう一度、今度は何も見ずに書きましょう。

伝える

Step 5 書いた英文を暗記して、何も見ずに声に出して言ってみましょう。英文が少し長くなり、暗記するのが大変ですが、がんばりましょう。もし、もっと自分を深く探究したい場合は、始めに①を書いて、次に②を書いてみると、自分が①なのか②のタイプなのか、よりはっきりとわかるかもしれません。自分が書いたものをいつも口に出して言う習慣をつけると将来、英語で会話したり、面接を受けるときなどに、このTAGAKIの学習成果を役立てることができます。

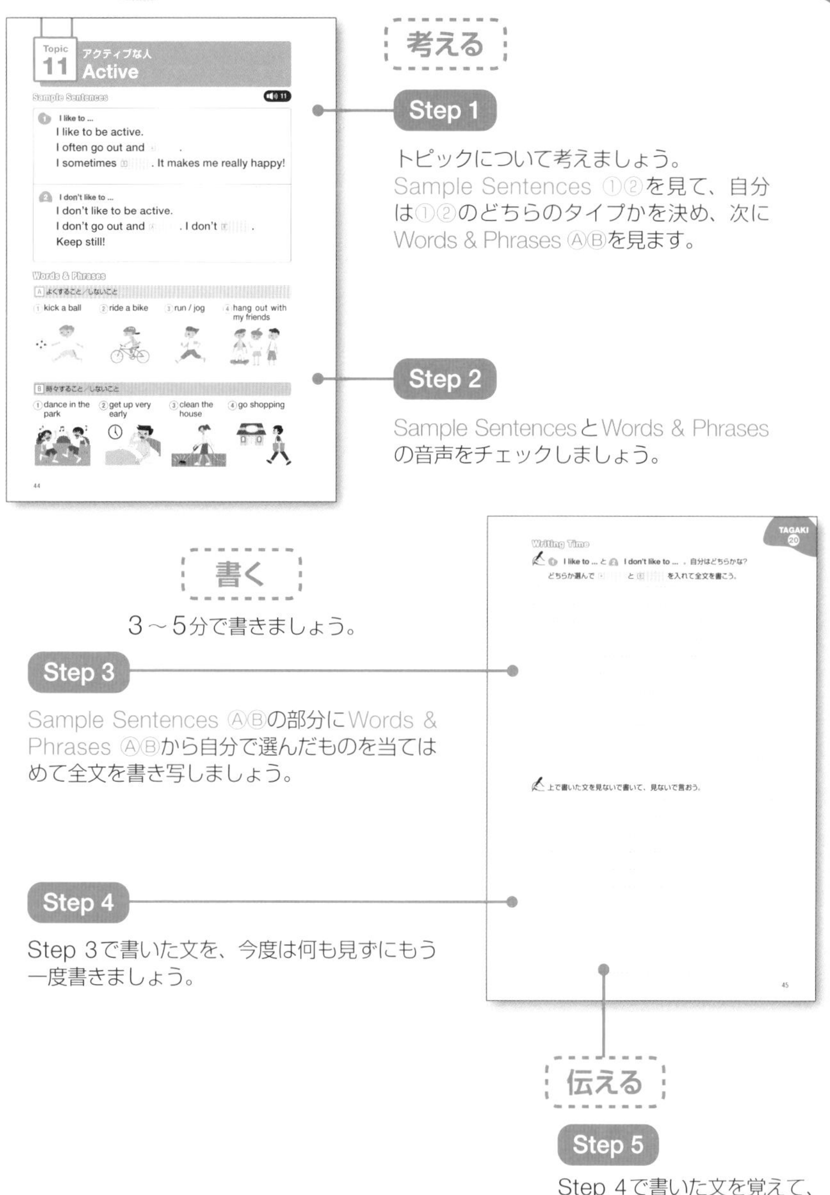

考える

Step 1

トピックについて考えましょう。
Sample Sentences ①②を見て、自分は①②のどちらのタイプかを決め、次にWords & Phrases ⒶⒷを見ます。

Step 2

Sample SentencesとWords & Phrasesの音声をチェックしましょう。

書く

3～5分で書きましょう。

Step 3

Sample Sentences ⒶⒷの部分にWords & Phrases ⒶⒷから自分で選んだものを当てはめて全文を書き写しましょう。

Step 4

Step 3で書いた文を、今度は何も見ずにもう一度書きましょう。

伝える

Step 5

Step 4で書いた文を覚えて、声に出して言いましょう。

Topic 11 アクティブな人 Active

Sample Sentences

🔊 11

 I like to ...

I like to be active.

I often go out and A ______ .

I sometimes B ______ . It makes me really happy!

 I don't like to ...

I don't like to be active.

I don't go out and A ______ . I don't B ______ .

Keep still!

Words & Phrases

A よくすること／しないこと

① kick a ball
② ride a bike
③ run / jog
④ hang out with my friends

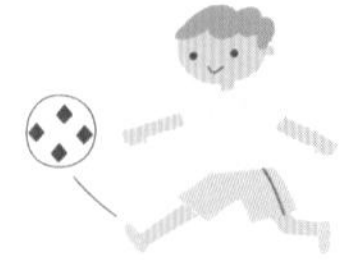

B 時々すること／しないこと

① dance in the park

② get up very early

③ clean the house

④ go shopping

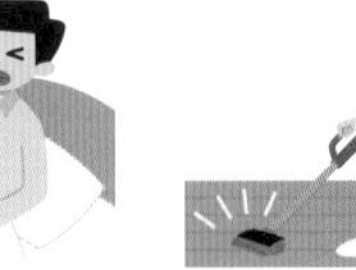

Writing Time

1 I like to ... と 2 I don't like to ... では、自分はどちらかな?
どちらか選んで A と B を入れて全文を書こう。

上で書いた文を見ないで書いて、見ないで言おう。

Topic 12

飛行機 Airplanes

Sample Sentences

🔊 12

1 When my family goes on a trip, I want to ...

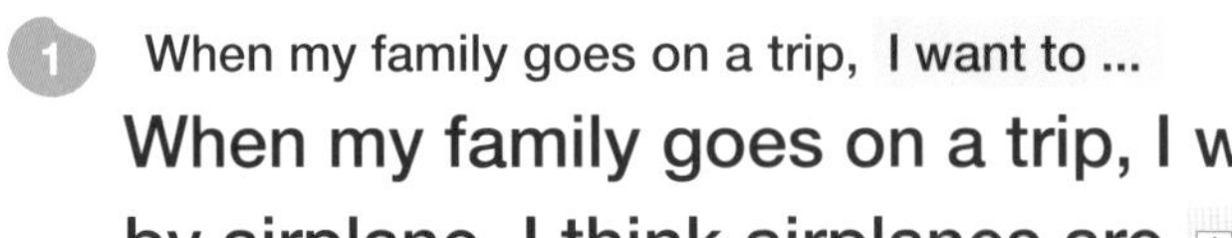

When my family goes on a trip, I want to go by airplane. I think airplanes are A ______ . I enjoy B ______ . It's so great!

2 When my family goes on a trip, I don't want to ...

When my family goes on a trip, I don't want to go by airplane. I don't think airplanes are A ______ . I don't enjoy B ______ . I'm scared!

Words & Phrases

A 飛行機について思うこと／思わないこと

① amazing ② powerful ③ comfortable ④ safe

B 楽しめること／楽しめないこと

① eating and drinking ② watching movies ③ watching the clouds down below ④ feeling like a big bird

Writing Time

1 I want to ... と 2 I don't want to ... では、自分はどちらかな?
どちらか選んで A と B を入れて全文を書こう。

上で書いた文を見ないで書いて、見ないで言おう。

Topic 13

気持ちの良い朝
Beautiful Morning

Sample Sentences

13

In the morning, I wake up ...

In the morning, I wake up because of A ______ .
I open the windows B ______
I feel great!

In the morning, I don't wake up ...

In the morning, I don't wake up because of A ______ . I don't open the windows B ______
I'm not a morning person.

Words & Phrases

A 目が覚める理由／覚めない理由

① the alarm clock

② the bright sun

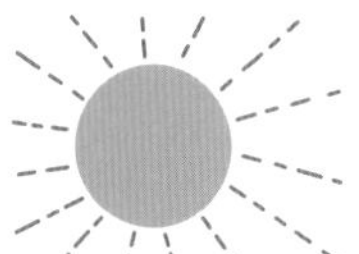

③ the birds outside

④ feeling tired

B 窓を開けてすること／しないこと

① to say "Good morning!"

② to check the weather.

③ to breathe the fresh air.

④ to say "Hello, birds!"

Writing Time

1 I wake up ... と 2 I don't wake up ... では、自分はどちらかな?
どちらか選んで A と B を入れて全文を書こう。

上で書いた文を見ないで書いて、見ないで言おう。

Topic 14

自転車レース
Bicycle Racing

Sample Sentences

14

I'll go to ...

I'll go to A ____ to see the famous bicycle road race. It'll be B ____ to see the bicycle race. It's so cool!

I won't go to ...

I won't go to A ____ to see the famous bicycle road race. It won't be B ____ to see the bicycle race. I'll go eat ice cream instead.

Words & Phrases

A 行きたい国／行きたくない国

① Italy ② France ③ the UK ④ Spain

B どういうレースになるか／ならないか

① exciting ② thrilling ③ surprising ④ amazing

Writing Time

1 I'll go to ... と 2 I won't go to ... では、自分はどちらかな?
どちらか選んで A と B を入れて全文を書こう。

上で書いた文を見ないで書いて、見ないで言おう。

Topic 15 たっぷりの朝ごはん Big Breakfast

Sample Sentences

🔊 15

I have ...

I have a big breakfast. It keeps me A ______ .
It wakes up B ______ .
A big breakfast makes a healthy body!

I don't have ...

I don't have a big breakfast. It doesn't keep me A ______ . It doesn't wake up B ______ .
A light breakfast makes a light body!

Words & Phrases

A たっぷり食べた時の状態／食べない時の状態

① healthy ② smart ③ strong ④ awake

B 目覚める部分／目覚めない部分

① my brain ② my whole body ③ my stomach ④ my muscles

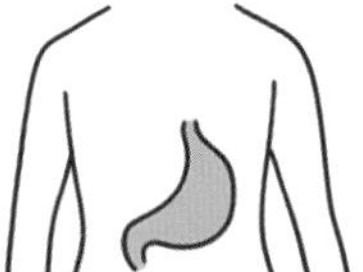

Writing Time

1 I have ... と 2 I don't have ... では、自分はどちらかな?
どちらか選んで A と B を入れて全文を書こう。

上で書いた文を見ないで書いて、見ないで言おう。

Topic 16

先に食べる
Eating Things First

Sample Sentences

16

I eat ...

I eat my favorite food first, because A ______ .
This way, my favorite food tastes B ______ !
I want to eat it again!

I don't eat ...

I don't eat my favorite food first, even though A ______ . Still, my favorite food tastes B ______ !
I save the best for last.

Words & Phrases

A 好きなものから先に食べる理由／食べない理由

① someone else might take it
② the food will get cold
③ I like it
④ I want to enjoy my meal

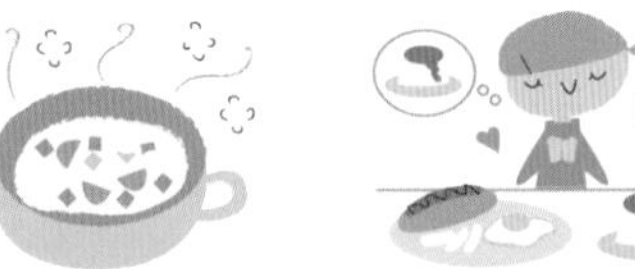

B 先に食べるかどうか／食べないとどうか

① wonderful
② delicious
③ better
④ special

Writing Time

1 I eat ... と 2 I don't eat ... では、自分はどちらかな?
どちらか選んで A と B を入れて全文を書こう。

上で書いた文を見ないで書いて、見ないで言おう。

Topic 17 エコスタイル Eco Style

Sample Sentences

🔊 17

I'm interested in ...

I'm interested in eco style. I try to [A] things, because I'm very worried about [B]. What a good global citizen!

I'm not interested in ...

I'm not interested in eco style. I don't try to [A] things, because I'm not too worried about [B]. Should I think about it more?

Words & Phrases

A 努力していること／してないこと

① recycle

② reduce

③ reuse

④ refuse

B 心配していること／していないこと

① global warming

② climate change

③ water pollution

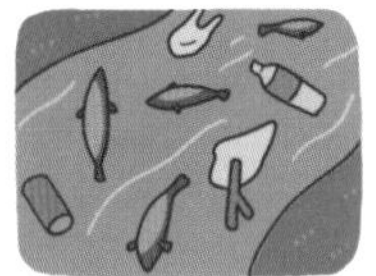

④ air pollution

Writing Time

1 I'm interested in ... と 2 I'm not interested in ... では、自分はどちらかな? どちらか選んで A と B を入れて全文を書こう。

上で書いた文を見ないで書いて、見ないで言おう。

Topic 18

高いところ

Highest Places

Sample Sentences

🔊 18

Someday, I want to ...

Someday, I want to go to one of the highest places on the earth. I'll go to A ______ . It's over 8,000 meters high. I'll see B ______ . How thrilling!

I don't want to ...

I don't want to go to any of the highest places on the earth. I won't go to A ______ .
It's over 8,000 meters high.
I don't want to see B ______ there. How scary!

Words & Phrases

A 登りたい山／登りたくない山

① Mount Everest

② Mount Lhotse

③ Mount Manaslu

④ Mount Godwin-Austen (K2)

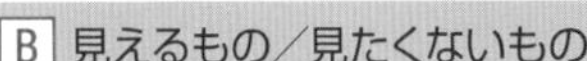

B 見えるもの／見たくないもの

① everything below

② a beautiful landscape

③ a sky full of stars

④ shining snow and ice

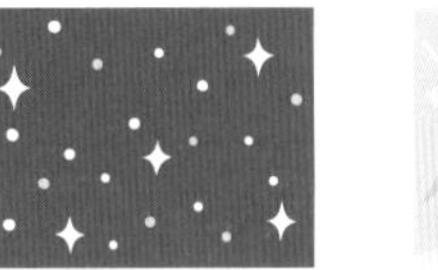

Writing Time

1 Someday, I want to ... と 2 I don't want to ... では、自分はどちらかな? どちらか選んで A と B を入れて全文を書こう。

上で書いた文を見ないで書いて、見ないで言おう。

Topic 19

インドア派 Indoors

Sample Sentences

19

I'm happy ...

I'm happy when A at home. I choose to be indoors a lot. I like to stay B .
Let's relax!

I'm not happy ...

I'm not happy when A at home.
I don't choose to be indoors a lot.
I don't like to stay B . Let's go outside!

Words & Phrases

A 家で楽しいと感じること／楽しいと感じないこと

① I'm on the sofa

② I'm in my room

③ I'm on the bed

④ I play games

B いるのが好きな場所／好きではない場所

① in a quiet place

② in the library

③ in the bathtub

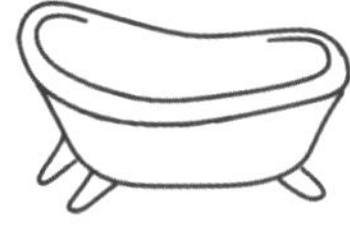

④ on the porch

Writing Time

❶ I'm happy ... と ❷ I'm not happy ... では、自分はどちらかな?
どちらか選んで A と B を入れて全文を書こう。

上で書いた文を見ないで書いて、見ないで言おう。

Topic 20

聞き上手な人
Listeners

Sample Sentences

20

 I'm ...

I'm a good listener. I don't A ______ .
And I listen B ______ . I'm glad I'm a good listener.
I'll keep listening!

 I'm not ...

I'm not a good listener. I A ______ .
And I don't listen B ______ . I want to be a good listener. I should listen more.

Words & Phrases

A しないこと／すること

① talk a lot

② speak loudly

③ make people laugh

④ speak fast

B 話を聞く相手／聞かない相手

① to my classmates

② to everybody

③ to my parents

④ to my brother/sister

Writing Time

1 I'm ... と 2 I'm not ... では、自分はどちらかな?
どちらか選んで A と B を入れて全文を書こう。

上で書いた文を見ないで書いて、見ないで言おう。

Topic 21

マラソン大会 Marathon

Sample Sentences

21

I think ...

I think the marathon is A ______ sport. In the future, I want to B ______ . Go! Go! Go!

I don’t think ...

I don’t think the marathon is A ______ sport.
In the future, I don’t want to B ______ .
The marathon takes too long!

Words & Phrases

A マラソンについて思うこと／思わないこと

① the most exciting
② the most enjoyable
③ the most popular
④ the best

B 将来したいこと／したくないこと

① work as a volunteer
② watch the race on TV
③ cheer the runners on the street
④ enter the race as a runner

Writing Time

① I think ... と ② I don't think ... では、自分はどちらかな?
どちらか選んで A と B を入れて全文を書こう。

上で書いた文を見ないで書いて、見ないで言おう。

Topic 22 肉 Meat

Sample Sentences

🔊 22

 I like ...

I like my steak A ______ .

I love eating steak.

Eating meat will B ______ . Bravo, meat!

 I don't like ...

I don't like my steak A ______ .

I don't like eating steak.

Eating meat won't B ______ . I'm a vegetarian!

Words & Phrases

A 好きな焼き加減／好きではない焼き加減

① rare ② medium rare ③ medium ④ well done

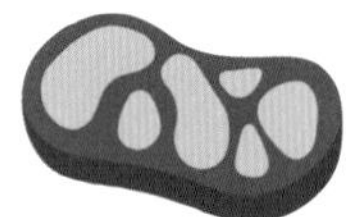
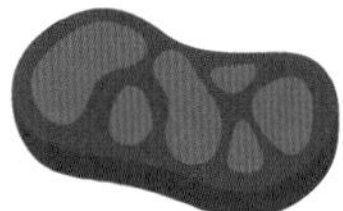

B 肉を食べるとどうなるか／ならないか

① make me healthy ② make my muscles strong ③ make me feel good ④ increase the iron in my blood

Writing Time

1 I like ... と 2 I don't like ... では、自分はどちらかな?
どちらか選んで A と B を入れて全文を書こう。

上で書いた文を見ないで書いて、見ないで言おう。

Topic 23
リズム Rhythm

Sample Sentences

23

I love ...

I love playing A . I want to make a lot of noise. It's really B !
Whooooo! Bang! Bang! Bang!

I don't like ...

I don't like playing A . I don't want to make a lot of noise. It's not really B !
Shh! How annoying!

Words & Phrases

A 演奏するのが大好きな楽器／好きではない楽器

1 the drums
2 the bongo drums
3 the cymbals
4 the Japanese drums

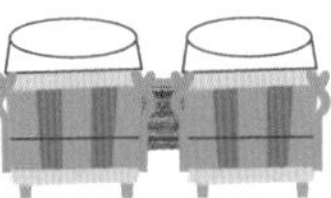
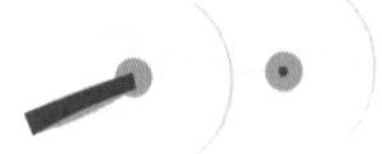

B 音を出すとどうなるか／ならないか

1 fun
2 exciting
3 cool
4 interesting

Writing Time

1 I love ... と 2 I don't like ... では、自分はどちらかな?
どちらか選んで A と B を入れて全文を書こう。

上で書いた文を見ないで書いて、見ないで言おう。

Topic 24

しょっぱいもの
Salty

Sample Sentences

🔊 24

 My favorite snacks are ...

My favorite snacks are salty things like [A] . I need salty food, whenever I feel [B] . Crunch, crunch!

 My favorite snacks aren't ...

My favorite snacks aren't salty things like [A] . I don't need salty food, even if I feel [B] . Give me sweets!

Words & Phrases

A 好きなしょっぱいスナック／好きではないしょっぱいスナック

① chips ② popcorn ③ rice crackers ④ salted nuts

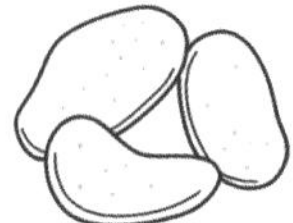

B いつもこんな時にほしい／こんな時でさえほしくない

① stressed ② tired ③ sick ④ lonely

Writing Time

1 My favorite snacks are ... と 2 My favorite snacks aren't ... では、自分はどちらかな? どちらか選んで A と B を入れて全文を書こう。

上で書いた文を見ないで書いて、見ないで言おう。

Topic 25

空 Sky

Sample Sentences

25

1 I enjoy ...

I enjoy looking at the sky. I think the sky is the most beautiful A . The sky is also very beautiful B . What a wonderful world!

2 I don't enjoy ...

I don't enjoy looking at the sky. I don't think the sky is beautiful A . The sky isn't beautiful B . The sky is boring.

Words & Phrases

A 一番きれいだと思う時間帯・季節／きれいだと思わない時間帯・季節

① in the morning

② in the afternoon

③ in spring / autumn (fall)

④ in summer / winter

B 空にあるときれいなもの／きれいでないもの

① with clouds

② with a rainbow
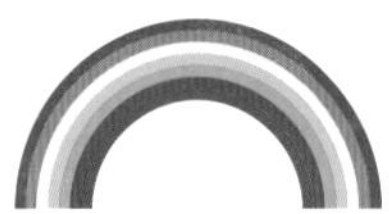

③ with sunlight

④ with snow

Writing Time

① I enjoy ... と ② I don't enjoy ... では、自分はどちらかな？
どちらか選んで Ⓐ と Ⓑ を入れて全文を書こう。

上で書いた文を見ないで書いて、見ないで言おう。

TAGAKI 20

自己診断リスト

これまでのTAGAKIトレーニングはいかがでしたか？　ここでは自分の進捗の度合いを測る「自己診断リスト」を用意しました。下記の4つの項目について、自分の達成度がどのぐらいか、それぞれ自己採点を行いましょう。

① 1か2か、肯定か否定か、はっきり決めることができた。

② 自分の気持ちを入れて3文書けた。

③ 書いた文を見ないでもう一度書けた。

④ 書いた文を見ないで言えた。

自己採点表		
	これからできるようになる！	0点
	少しならできる！	2点
	時々ならできる！	4点
	だいたいできる！	6点
	ほとんどできる！	8点
	自信をもってできる！	10点

TAGAKI 30

スタンダードコースの15題に挑戦！

※ここでは TAGAKI ® 30 の 30 トピックの
中から 15 題を抜粋します。

TAGAKI 30 の目標

メンタル
相手に伝わる
３段構成を身につける。

スキル
30語前後の英文で
「なりきりライティング」。

最後に賛成か反対か、自分の意見を表明しよう！

TAGAKI 30からは**英作文の構成**を学んでいきます。まずは「つかみ・イントロ」(Catchy Sentences / Introduction)、「事実·本文·説明」(Facts / Body)、「おち・締め・結論」(Punch Lines / Closing) という文の3段構成をマスターしましょう。

「つかみ・イントロ」では、これからこのような話をすると、端的に相手にわからせ、ひきつけるようなことを書きます。次の「事実·本文·説明」では、つかみの主張を裏づける具体的な説明や事実関係、理由などを書きます。そして最後に「おち・締め・結論」では文字通り話の締めくくりになることを書きます。

この相手に伝わる話の構成を意識することはTAGAKI 30だけでなく、TAGAKI 40 · 50でも様々なトピックを通じてくり返し練習することとなります。

そして最後に、たった一行でいいので、自分なりの意見も述べてみましょう。見本文に登場する人に賛成か反対か、ヒントを参考に自分の意見を書きましょう。例えば「アウトドア」というトピックに対しては、I feel happy when I go fishing, too.（私も釣りに行くときはうれしいです)、I think that the outdoors are full of danger.（アウトドアは危険に満ちていると思います）などのように賛成と反対の立場を示す、2つのヒントが挙げられています。ヒントに自分の意見に合う内容がなかったら、もちろん独自の意見を書いても構いません。

スキル

自分に置き換え、広い世界を擬似体験！

TAGAKI 30では30語前後の英文を書きますが、ここでは見本文の三人称を一人称に替えて「**なりきりライティング**」をしてみましょう。TAGAKI 30の見本文はすべていわゆる「三人称」で書いてあります。その文を「一人称」に文法的に変えて、見本文の人になりきったら、文法に注意しながら書いていきます。

例えば「フレンドリーな人」というトピック（→*p*.88）について考えてみましょう。Sample Sentencesを読み、このFalという人はどんな人かを考えます。次に自分だったらどうかなと考えながら、Words and Phrases ⒶⒷを見ます。それぞれの音声もチェックしてください。例えば「Fal」を「I」の一人称の文に替えて、Words and PhrasesのⒶⒷから自分に当てはまるものを選び、入れかえて、全文を書き写しましょう。この場合は次のようになります。

Fal is a friendly person.（ファルさんはフレンドリーな人間だ）→ I'm a friendly person.（私はフレンドリーな人間だ）。このように日本語の場合はファルさんを私に替えるだけで後はまったく同じですが、英語ではisをamに変えるなどの配慮が必要になります。

なぜ「なりきりライティング」が有益な英語スキルかというと、自分が今感じている自分だけの世界を超えて、世界観を広げることができるからです。海外に行くと、自分が常識だと思っていたことがそうでなかったと知り、その経験が新鮮だったりします。そこでTAGAKI 30では、主語を自分に置き換えて考えることで、他人の考えを擬似体験してみましょう。

例えば、暑い夏が絶対に嫌だと思っている方も、常夏の国に住んでいる方はどう思っているかを想像してみることができたりするでしょう。また、フレンドリーであることの意味や尺度が違うということも海外でよく体験しますすし、パーティーも日本では考えられない規模や、頻度で行ったりします。そのような場面を想定して自分の発想を広げ、日本語の場合や日本社会の中では絶対に言わないようなことを英語でなら表現できるということを知るのはとても楽しいものです。

LET'S GO

TAGAKI 30の進め方

TAGAKI 30のトレーニングは下記の手順で進めます。

考える

Step 1 トピックを確認したら見本文を読みます。他人の事情を理解して、興味・関心の幅を広げましょう。同時に文章の構成も確認します。

Step 2 音声を確認しましょう。

書く

Step 3 「なりきりライティング」をします。ここでは、見本文の人になったつもりで内容を書いていきます。見本文が三人称で書かれているので、三人称を一人称（私・私たち）に文法的に変更し、自分に当てはまる単語やフレーズを選びながら、全文（30語前後）を書きましょう。例えば、トピック26の「カーレース」で見本文をそのまま使用した場合は、変更箇所は次の5カ所です。1. Azi→I、2. loves→love、3. he→I、4. wants→want、5.Azi's→my。

書く・伝える

Step 4 「なりきりライティング」をもう一度何も見ずに書き、その文を暗記して声に出して言いましょう。

Step 5 最後にMy Opinionのヒントを参考に、I agree ...（賛成）か、I disagree ...（反対）か、どちらかの意見を書きます。実際のところ自分はこの内容に賛同するかしないか、自分の意見を決め、表明しましょう。独自の意見を表明しても構いません。最後に、実際に声に出して言ってみましょう。

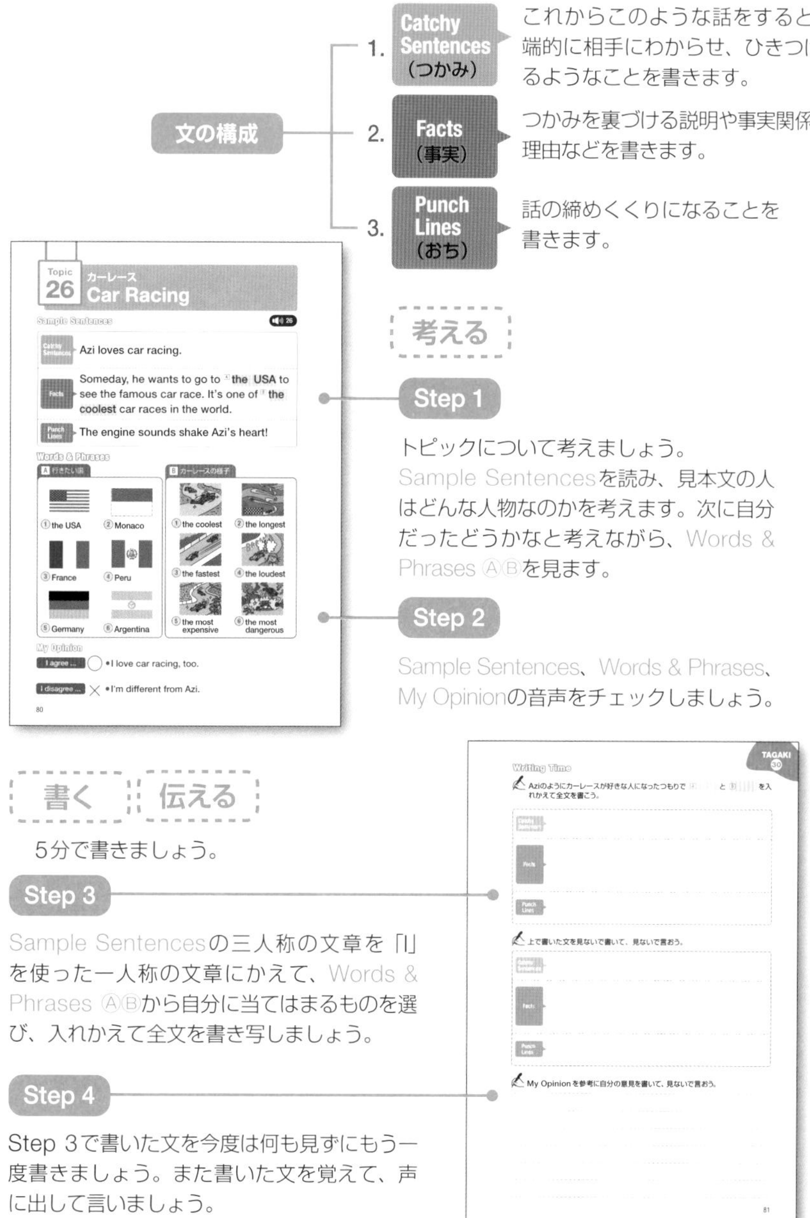

Step 5

Sample Sentencesの人物と自分とで違うところはどこかを考え、My Opinionを参考に、I agree...（賛成）か、I disagree...（反対）か、自分の意見を決めて書きましょう。また書いた文を覚えて、声に出して練習しましょう。

カーレース Car Racing

Sample Sentences

Azi loves car racing.

Someday, he wants to go to [A] the USA to see the famous car race. It's one of [B] the coolest car races in the world.

Punch Lines

The engine sounds shake Azi's heart!

Words & Phrases

A 行きたい国

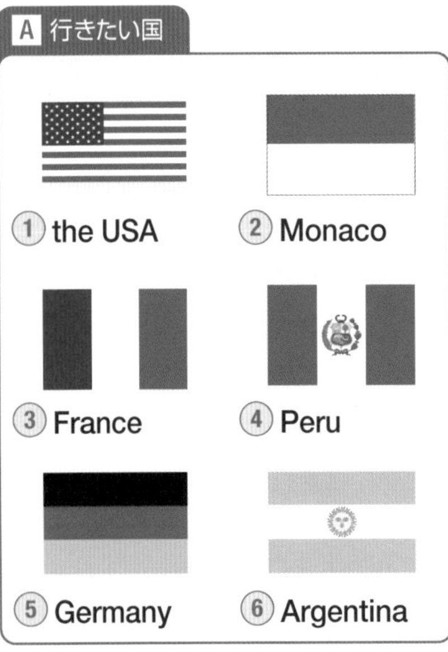

B カーレースの様子

My Opinion

I agree ... ○ • I love car racing, too.

I disagree ... ✕ • I'm different from Azi.

Writing Time

Aziのようにカーレースが好きな人になったつもりで A と B を入れかえて全文を書こう。

Catchy Sentences

Facts

Punch Lines

上で書いた文を見ないで書いて、見ないで言おう。

Catchy Sentences

Facts

Punch Lines

My Opinion を参考に自分の意見を書いて、見ないで言おう。

コーラス Chorus

Sample Sentences

Chadi thinks singing together is a lot of fun.

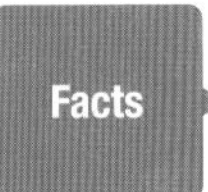

In the future, he wants to join [A] a pop chorus group. He hopes his group will someday perform [B] in New York.

Punch Lines ▸ Let's sing la, la, la, la!

Words & Phrases

A 参加したいグループ

1. a pop chorus group
2. a gospel chorus group
3. a dancing and singing chorus group
4. the school chorus club
5. a community chorus group
6. a professional chorus group

B 発表したい場所

1. in New York
2. at Tokyo Dome

3. on TV
4. at a school festival

5. at a local festival
6. at a concert hall

My Opinion

○ • In the future, I also want to join a pop chorus group.

I disagree ... ✕ • I don't think singing together is a lot of fun.

Writing Time

Chadiのようにみんなで歌うことがとても楽しいと思う人になったつもりで A と B を入れかえて全文を書こう。

Catchy Sentences

Facts

Punch Lines

上で書いた文を見ないで書いて、見ないで言おう。

Catchy Sentences

Facts

Punch Lines

My Opinion を参考に自分の意見を書いて、見ないで言おう。

Topic 28 料理 Cooking

Sample Sentences

Didi sometimes cooks on weekends.

When she cooks [A] homemade pizza, everybody is glad. She wants to cook more often and surprise her [B] friends.

Punch Lines

Some people eat to live, and others live to eat.

Words & Phrases

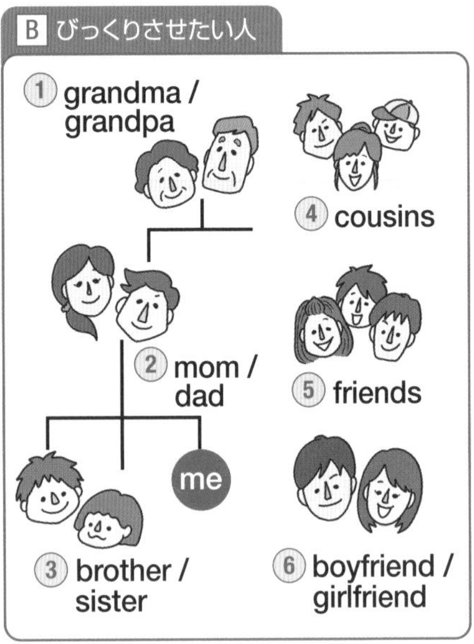

My Opinion

● I sometimes cook on weekends, too.

I disagree ...  ● I don’t cook homemade pizza.

Writing Time

Didiのように週末に時々料理をする人になったつもりで A と B を入れかえて全文を書こう。

Catchy Sentences

Facts

Punch Lines

上で書いた文を見ないで書いて、見ないで言おう。

Catchy Sentences

Facts

Punch Lines

My Opinion を参考に自分の意見を書いて、見ないで言おう。

魚 Fish

Sample Sentences

29

When someone asks Fui, "Would you like fish or meat?" she always answers, "Fish, please."

She likes [A] sashimi.
Eating fish will make her [B] smart.

Punch Lines: Thank you, fish!

Words & Phrases

My Opinion

○ • I like sashimi, too.

I disagree ... × • When someone asks me, "Would you like fish or meat?" I never answer, "Fish, please."

Writing Time

Fuiのように魚料理か、肉料理かを聞かれたら、いつも魚料理と答える人になったつもりで A と B を入れかえて全文を書こう。

Catchy Sentences

Facts

Punch Lines

上で書いた文を見ないで書いて、見ないで言おう。

Catchy Sentences

Facts

Punch Lines

My Opinion を参考に自分の意見を書いて、見ないで言おう。

Topic 30

フレンドリーな人 Friendly

Sample Sentences

Fal is a friendly person.

He's always [A] calm.
He often [B] says hello to people.

Punch Lines

Let's make the world a better place.

Words & Phrases

My Opinion

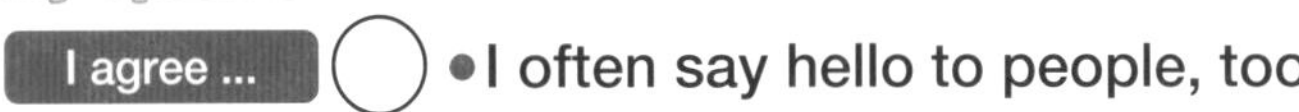

I agree ... ○ • I often say hello to people, too.

I disagree ... × • I'm shy, but I make people happy in my own way.

Writing Time

Falのようにフレンドリーな人になったつもりで A と B を入れかえて全文を書こう。

Catchy Sentences

Facts

Punch Lines

上で書いた文を見ないで書いて、見ないで言おう。

Catchy Sentences

Facts

Punch Lines

My Opinion を参考に自分の意見を書いて、見ないで言おう。

Sample Sentences

Jox is really fond of his hairstyle.

He has [A] long hair.
He dyed his hair [B] dark brown.

Punch Lines

He thinks he's too cool for school!

Words & Phrases

A 髪型

B 染めている髪の色

My Opinion

I agree ... ○ • I'm really fond of my hairstyle, too.

I disagree ... × • Hairstyle isn't a big issue in life.

Writing Time

Joxのように自分の髪型がとても好きな人になったつもりで A と B を入れかえて全文を書こう。

Catchy Sentences	
Facts	
Punch Lines	

上で書いた文を見ないで書いて、見ないで言おう。

Catchy Sentences	
Facts	
Punch Lines	

My Opinion を参考に自分の意見を書いて、見ないで言おう。

Topic 32 落としもの Lost and Found

Sample Sentences

This is a true story of lost and found.

One day, Mr. Natt lost his [A] bicycle key.
He couldn't find it anywhere.
He was very shocked.

Punch Lines

Later, he found it [B] in his shoe!

Words & Phrases

A なくしたもの

B 見つかった場所

● One day, I lost my bicycle key, too.

I disagree ... ✕ ● This story is crazy/foolish/unbelievable.

Writing Time

Mr. Nattのように落としものをして、見つけた人になったつもりで A と B を入れかえて全文を書こう。

Catchy Sentences

Facts

Punch Lines

上で書いた文を見ないで書いて、見ないで言おう。

Catchy Sentences

Facts

Punch Lines

My Opinion を参考に自分の意見を書いて、見ないで言おう。

Topic 33 メロディー Melody

Sample Sentences

Kiki loves making beautiful melodies.

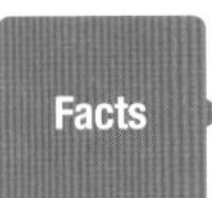

She plays [A] the violin with a lot of feeling. Her family always [B] turns off the TV when she practices.

Punch Lines

Her family is the best!

Words & Phrases

My Opinion

I agree ... ◯ • I play the violin with a lot of feeling, too.

I disagree ... ✕ • I just play the music the way it's written.

Writing Time

Kikiのように美しいメロディーを奏でるのが好きな人になったつもりで A と B を入れかえて全文を書こう。

Catchy Sentences

Facts

Punch Lines

上で書いた文を見ないで書いて、見ないで言おう。

Catchy Sentences

Facts

Punch Lines

My Opinion を参考に自分の意見を書いて、見ないで言おう。

朝
Morning

Sample Sentences

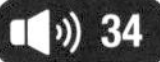

Mia is always too busy in the morning.

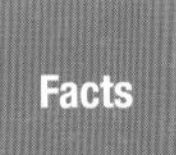

She believes that she has to [A] take a shower before she leaves home. She wants a robot that will [B] cook her breakfast.

Punch Lines

That would be awesome!

Words & Phrases

My Opinion

I agree ... ○ • I'm always too busy in the morning, too.

I disagree ... × • I think that morning should be a relaxing time.

Writing Time

Miaのようにいつも朝は忙しい人になったつもりで A と B を入れかえて全文を書こう。

Catchy Sentences	
Facts	
Punch Lines	

上で書いた文を見ないで書いて、見ないで言おう。

Catchy Sentences	
Facts	
Punch Lines	

My Opinion を参考に自分の意見を書いて、見ないで言おう。

Topic 35

アウトドア派
Outdoors

Sample Sentences

My grandpa likes going outdoors a lot.

He likes [A] the beach.
He feels happy when he [B] goes fishing.

Punch Lines ▶ It's such a great feeling to be in nature.

Words & Phrases

My Opinion

I agree ... ◯ • I feel happy when I go fishing, too.

I disagree ... ✕ • I think that the outdoors are full of danger.

Writing Time

my grandpaのようにアウトドア派の人になったつもりで A と B を入れかえて全文を書こう。

Catchy Sentences

Facts

Punch Lines

上で書いた文を見ないで書いて、見ないで言おう。

Catchy Sentences

Facts

Punch Lines

My Opinion を参考に自分の意見を書いて、見ないで言おう。

Topic 36

静かに
Quiet

Sample Sentences

When my cousin Sid feels stressed, he likes to stay quiet.

He stays in his room and [A] reads comics.
He sometimes [B] plays with his pet, too.

Punch Lines

This is how he makes himself feel better.

Words & Phrases

My Opinion

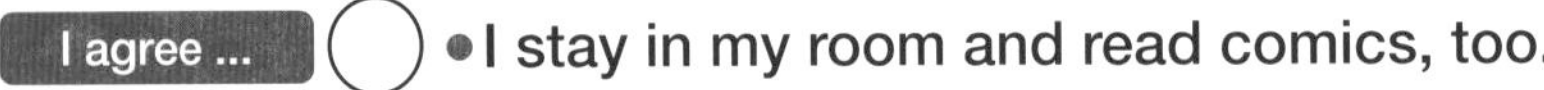

○ • I stay in my room and read comics, too.

I disagree ... × • When I feel stressed, I don't like to stay quiet.

Writing Time

Sidのようにストレスを感じた時、静かにしているのが好きな人になったつもりで A と B を入れかえて全文を書こう。

Catchy Sentences

Facts

Punch Lines

上で書いた文を見ないで書いて、見ないで言おう。

Catchy Sentences

Facts

Punch Lines

My Opinion を参考に自分の意見を書いて、見ないで言おう。

Topic 37
話し上手な人
Speakers

Sample Sentences

Catchy Sentences Ves is a good speaker.

Facts She talks a lot and she's [A] expressive.
She often says, "[B] Fantastic!"

Punch Lines Good speakers make everybody smile.

Words & Phrases

A 性格

B よく言うこと

My Opinion

I agree ... ○ • I like to make everybody smile.

I disagree ... × • I don't talk a lot and I'm not expressive.

Writing Time

Vesのように話し上手な人になったつもりで A と B を入れかえて全文を書こう。

Catchy Sentences

Facts

Punch Lines

上で書いた文を見ないで書いて、見ないで言おう。

Catchy Sentences

Facts

Punch Lines

My Opinion を参考に自分の意見を書いて、見ないで言おう。

スイーツ Sweets

Sample Sentences

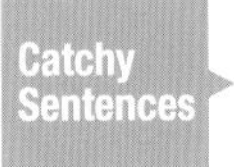

Ms. Wad loves sweet things.

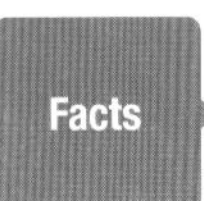

For example, she likes A chocolate very much. But she knows sweet things are bad for her, so she tries to have B fruit instead.

Punch Lines

She's doing her best!

Words & Phrases

A 好きなもの

B 代わりに食べるもの

My Opinion

I agree ... ○ • I like chocolate very much, too.

I disagree ... × • I don't think sweet things are bad for me.

Writing Time

Ms. Wadのように甘いものが好きな人になったつもりで A と B を入れかえて全文を書こう。

Catchy Sentences

Facts

Punch Lines

上で書いた文を見ないで書いて、見ないで言おう。

Catchy Sentences

Facts

Punch Lines

My Opinion を参考に自分の意見を書いて、見ないで言おう。

Topic 39 列車 Trains

Sample Sentences

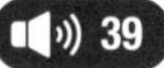

When Zim's family goes on a trip, they like to go by train.

Trains are [A] convenient. They sit back and relax. They enjoy [B] watching the scenery from the windows.

Punch Lines

Let's go right now.

Words & Phrases

A 列車の良い点

1. convenient
2. punctual
3. cheaper
4. safer
5. comfortable
6. friendly

B 楽しめること

1. watching the scenery from the windows
2. eating a boxed lunch
3. playing games together
4. reading magazines
5. talking a lot
6. taking a nap

My Opinion

○ • We enjoy watching the scenery from the windows, too.

I disagree ... × • Trains are too boring.

Writing Time

Zim's familyのように家族旅行に行く時、列車で行きたいと思う人になったつもりで A と B を入れかえて全文を書こう。

Catchy Sentences

Facts

Punch Lines

上で書いた文を見ないで書いて、見ないで言おう。

Catchy Sentences

Facts

Punch Lines

My Opinion を参考に自分の意見を書いて、見ないで言おう。

Topic 40 勝つこと Winning

Sample Sentences

🔊 40

Catchy Sentences Winning is always special.

Facts Last year, the red team won [A] the dance contest. They practiced every day. It was so close. They got [B] a big trophy.

Punch Lines Oh, yeah!

Words & Phrases

A 勝った競技会

1. the dance contest
2. the sports day
3. the marathon
4. the play contest
5. the debating contest
6. the long jump rope competition

B もらったもの

1. a big trophy
2. a big certificate
3. a gold medal
4. nice prizes
5. travel tickets
6. many photos

My Opinion

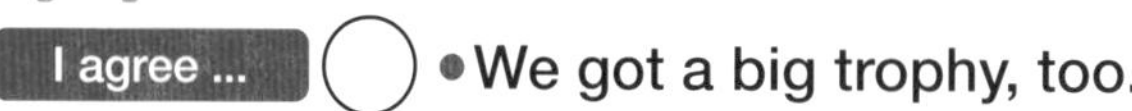

I agree ... ○ • We got a big trophy, too.

I disagree ... × • Losing makes people think.

Writing Time

the red teamのように勝つことはいつも大切だという人になったつもりで A と B を入れかえて全文を書こう。

Catchy Sentences

Facts

Punch Lines

上で書いた文を見ないで書いて、見ないで言おう。

Catchy Sentences

Facts

Punch Lines

My Opinion を参考に自分の意見を書いて、見ないで言おう。

TAGAKI 30

自己診断リスト

これまでのTAGAKIトレーニングはいかがでしたか？　ここでは自分の進捗の度合いを測る「自己診断リスト」を用意しました。下記の4つの項目について、自分の達成度がどのぐらいか、それぞれ自己採点を行いましょう。

① 人称を変えて全文書けた。

② 書いた文をもう一度見ないで書けた。

③ 見ないで書いた文を、暗記して伝えられた。

④ サンプル文に対し、賛成か反対か 1 文で本音を書けた。

自己採点表		
	これからできるようになる！	0 点
	少しならできる！	2 点
	時々ならできる！	4 点
	だいたいできる！	6 点
	ほとんどできる！	8 点
	自信をもってできる！	10 点

TAGAKI 40

プレミアムコースの15題に挑戦！

※ここでは TAGAKI ® 40 の 30 トピックの中から 15 題を抜粋します。

TAGAKI 40の目標

メンタル

自分の創造性をアピールする。

スキル

オリジナルの2文を含め、40語前後の英文を書く。

メンタル

国際的な場面ではオリジナリティが大切！

TAGAKI 40からは、**自分のオリジナル文を入れて**書いていきます。創造性を発揮し、楽んで書いてみましょう。またトピックは、世界共通の話題と日本の話題の2つに大きく分かれています。国際的な場面では、これらの話題に対して、自分のオリジナリティがある意見を伝えることがとても大切です。他人と違うことを考えたり、表現したりして、自分なりの独創性を発揮しましょう。とはいっても学習者はまったく自由に書くわけではなく、トピックからそれることがないように観点が絞ってあります。

まずはトピックについて考えましょう。Sample Sentencesの「つかみ」（Catchy Sentences）を読んで、テーマを読み取ります。「つかみ」は見本文にすでに記載されています。はじめにそのトピックをどのような観点から扱っていくかがハッキリと述べられています。ですから、「つかみ」の英文をそのまま書き写すことができます。

次は「事実」（Facts）に関するリード文を読み、それに続く自分のオリジナル文を2文考えます。とは言え、ここでもリード文がすでに載っていて、学習者がオリジナルで書くことを限定しています。例えば「映画」のトピックでは、「人々が映画が好きな理由を2つ書く」というようにテーマを絞っています。

スキル

ヒントを参考にしながら独創的な文を書こう！

ユニークで面白いことや冗談、自分のオリジナルな文、他人がはっとするようなことをどうやって英語で表現するかが、次の課題です。TAGAKI 40では、オリジナルな発想を考え出すための4つのヒント（Hints for Original Sentences）を提示しています。ヒントを参考に、自分のオリジナル文をⒶ、Ⓑの箇所に2文加えて空欄を埋めましょう。その後に改めて全文を書き写します。はじめはヒントを書き写しても構いません。最初の5回くらいまではそれも良い勉強になります。徐々に慣れ、書き写しているうちに自分のオリジナル文が書きたくなってくるはずです。

TAGAKI 40・50では、学習者がオリジナルの英文を書くため、添削の問題をハッキリさせなくてはなりません。TAGAKIシリーズでは、英文の正しさについては「グリーンゾーン」「イエローゾーン」「レッドゾーン」の3種類があると想定しています。

●グリーンゾーン

写し間違えたり、自分が使いたい単語を調べもせずに好き勝手に入れたりしない限り、間違いのある文はできません。ですから提示された選択肢から文を作るTAGAKI 10、20は安全な「グリーンゾーン」です。

●イエローゾーン

「イエローゾーン」は少し間違いがあるかもしれないということです。三人称の文を一人称に文法的に変える必要があるTAGAKI 30では、このゾーンに入る場合もあるでしょう。考え方としては、「イエローゾーン」で多少の間違いがあっても、コミュニケーションに影響がなければ大丈夫とします。

●レッドゾーン

TAGAKI 40や50では「レッドゾーン」の可能性が出てきます。ヒントを書き写すだけであれば、「グリーンゾーン」にとどまることができますが、それだけでは面白くありません。ヒント文を参考に、自分なりの独創性を発揮しましょう。

TAGAKI 40の進め方

TAGAKI 40のトレーニングは下記の手順で行います。

考える

Step 1　まず、見本文の「つかみ」を読んで、テーマを読み取ります。「事実」の始めの文は自分のオリジナル文を書くためのリード文になっているので、リード文の内容に沿って自分のオリジナル文を2文考えます。

Step 2　音声を確認しましょう。

書く

Step 3　「つかみ」と「事実」のリード文を書き写してから、ヒントを参考にして、「事実」に自分のオリジナル文を2文書きましょう。始めのうちはヒントを写すだけでも構いませんが、徐々に自分の力で書けるようにするとよいでしょう。最後に「おち」のパンチラインを書き写して全文を完成させましょう。パンチラインは徐々に自分独自の文が書けるようになるといいでしょう。

Step 4　Step 3で書いた文を全部もう一度、見ないで書きましょう。

伝える

Step 5　書き終えたら、全文を暗記して声に出して言ってみましょう。暗記は苦しい面もある作業です。暗記をしておくといざというときに役に立ちます。書くときだけでなく話をしたり、プレゼンなどをする場合にも暗記した表現が役に立つでしょう。

また、もっと長く書きたいと思う方は、これまでに学んだ英語を有効活用し、文と文の間にもう1文を入れて、長い文を書いてみるとよいでしょう。

文の構成

1. Catchy Sentences（つかみ）
これからこのような話をすると、端的に相手にわからせ、ひきつけるようなことを書きます。

2. Facts（事実）
つかみを裏づける説明や事実関係、理由などを書きます。

3. Punch Lines（おち）
話の締めくくりになることを書きます。

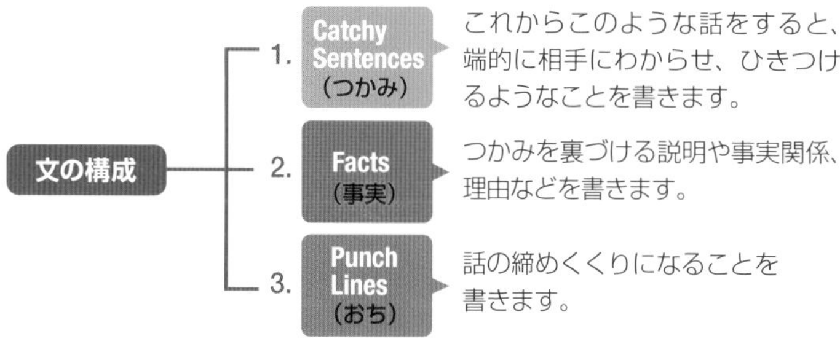

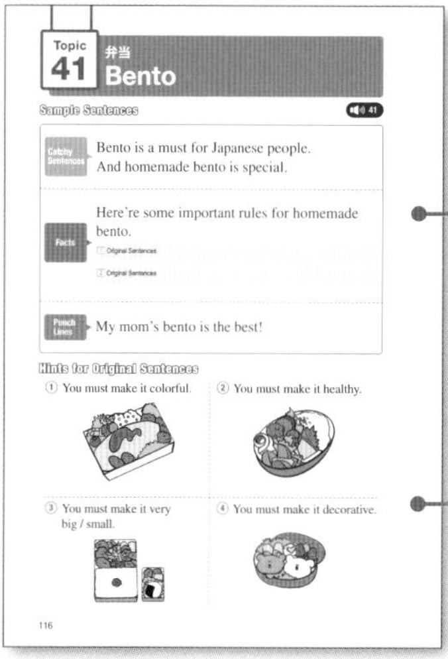
Topic 41 弁当 Bento

Sample Sentences 41

Catchy Sentences: Bento is a must for Japanese people. And homemade bento is special.

Facts: Here're some important rules for homemade bento.
Original Sentences
Original Sentences

Punch Lines: My mom's bento is the best!

Hints for Original Sentences
① You must make it colorful.
② You must make it healthy.
③ You must make it very big / small.
④ You must make it decorative.

116

考える

Step 1

トピックについて考えましょう。Sample Sentences の【Catchy Sentences】を読んで、テーマを読み取ります。次に【Facts】のリード文を読み、自分のオリジナル2文を考えます。

Step 2

Sample Sentences、Hints for Original Sentencesの音声をチェックしましょう。

書く

5～7分で書きましょう。

Step 3

Hints for Original Sentencesを参考にして、【Facts】に自分のオリジナル文を2文加えた後で、全文を書き写しましょう。はじめのうちは丸写しでも構いませんが、徐々に自分のオリジナル文を書けるようにしましょう。

Step 4

Step 3で書いた文を今度は何も見ずに、もう一度書きましょう。

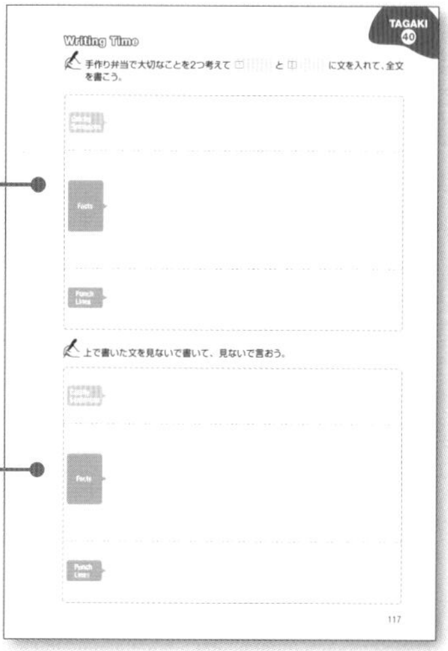
TAGAKI 40

Writing Time

手作り弁当で大切なことを2つ考えて ① と ② に文を入れて、全文を書こう。

Catchy Sentences
Facts
Punch Lines

上で書いた文を見ないで書いて、見ないで言おう。

Catchy Sentences
Facts
Punch Lines

117

伝える

Step 5 Step 4で書いた文を覚えましょう。覚えたら、声に出して言いましょう。

弁当 Bento

Sample Sentences

Catchy Sentences

Bento is a must for Japanese people.
And homemade bento is special.

Facts

Here're some important rules for homemade bento.

1 Original Sentences

2 Original Sentences

Punch Lines

My mom's bento is the best!

Hints for Original Sentences

① You must make it colorful.

② You must make it healthy.

③ You must make it very big/small.

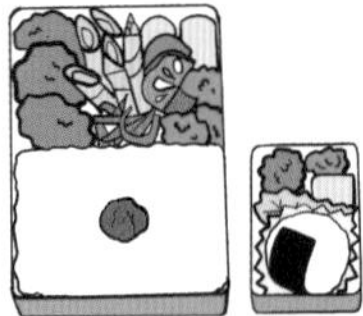

④ You must make it decorative.

Writing Time

手作り弁当で大切なことを2つ考えて 1 と 2 に文を入れて、全文を書こう。

Catchy Sentences

Facts

Punch Lines

上で書いた文を見ないで書いて、見ないで言おう。

Catchy Sentences

Facts

Punch Lines

Topic 42 犬 Dogs

Sample Sentences

Dogs do funny things all the time.
The owners sometimes get mad at their dogs.

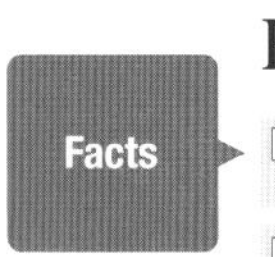

Here're two things that "bad" dogs sometimes do.

1 Original Sentences

2 Original Sentences

Punch Lines

But I still love them.

Hints for Original Sentences

① They eat everybody's slippers.

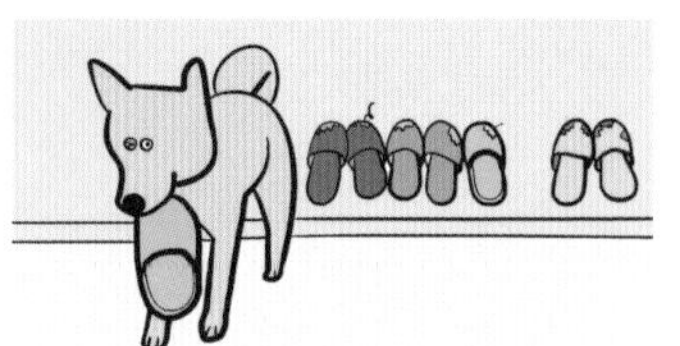

② They chase the neighbor's cat.

③ They chew cardboard boxes.

④ They make a big mess.

Writing Time

行儀が悪い犬がしそうなことを2つ考えて 1 と 2 に文を入れて、全文を書こう。

Catchy Sentences

Facts

Punch Lines

上で書いた文を見ないで書いて、見ないで言おう。

Catchy Sentences

Facts

Punch Lines

Topic 43

温泉のマナー Hot Spring Manners

Sample Sentences

Foreign guests are welcome at Japanese hot springs.

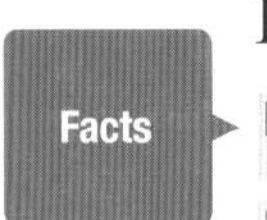

But there're a few rules they need to know.

1 Original Sentences

2 Original Sentences

Punch Lines

Aaaaaaah! That feels sooooo goooooood!

Hints for Original Sentences

① Swim suits aren't allowed.

② Wash your body before you get into the hot water.

③ Don't put your towel in the hot water.

④ Don't make too much noise.

Writing Time

外国人観光客が知る必要がある入浴ルールを2つ考えて 1 と 2 に文を入れて、全文を書こう。

Catchy Sentences

Facts

Punch Lines

上で書いた文を見ないで書いて、見ないで言おう。

Catchy Sentences

Facts

Punch Lines

Topic 44 家事 Housework

Sample Sentences

🔊 44

Catchy Sentences ▶ Of all the housework, some people say the laundry is the easiest.

Facts ▶ If you're asked to do chores, you might choose the laundry. Here're two reasons.

[1] Original Sentences

[2] Original Sentences

Punch Lines ▶ Make sure you check all the pockets before doing the washing!

Hints for Original Sentences

① It's really easy.
The machine does everything.

② You can play with your mobile phone while you wait.

③ Freshly dried clothes smell so good.

④ You can watch TV while you fold the washed clothes.

Writing Time

家事を頼まれたら洗濯を選ぶ理由を2つ考えて 1 と 2 に文を入れて、全文を書こう。

Catchy Sentences

Facts

Punch Lines

上で書いた文を見ないで書いて、見ないで言おう。

Catchy Sentences

Facts

Punch Lines

Topic 45 空手 Karate

Sample Sentences

Catchy Sentences: If you have a karate black belt, you have to register with the police. Well, that's NOT true!

Facts: Here're some common images people have of karate practitioners.

1 Original Sentences

2 Original Sentences

Punch Lines: Yahhhhhh!

Hints for Original Sentences

① They have strong voices.

② They all look fit.

③ They can break bricks with their hands.

④ They can protect weak people very quickly.

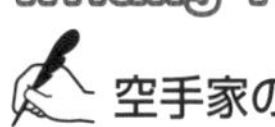

空手家のイメージを2つ考えて 1 と 2 に文を入れて、全文を書こう。

Catchy Sentences

Facts

Punch Lines

上で書いた文を見ないで書いて、見ないで言おう。

Catchy Sentences

Facts

Punch Lines

Topic 46 マヨネーズ Mayonnaise

Sample Sentences

A short name for mayonnaise is "mayo." It's nice and short, isn't it?

Facts

As you all know, potato salad without mayonnaise is just not right. Here're some suggestions for enjoying mayonnaise more.

1 Original Sentences

2 Original Sentences

Punch Lines

No mayonnaise, no life!

Hints for Original Sentences

① You put mayonnaise on top of takoyaki.

② You dress asparagus with mayonnaise.

③ You put mayonnaise on French fries.

④ You put mayonnaise and soy sauce on top of rice.

Writing Time

マヨネーズがあるとよりおいしくなる食べものを2つ考えて ① と ② に文を入れて、全文を書こう。

Catchy Sentences

Facts

Punch Lines

上で書いた文を見ないで書いて、見ないで言おう。

Catchy Sentences

Facts

Punch Lines

現代美術館 Modern Art Museums

Sample Sentences

Catchy Sentences Everybody sees something different in modern art. It's like finding shapes in clouds.

Facts Here're two important things you need to keep in mind when you go to a modern art museum.

1 Original Sentences

2 Original Sentences

Punch Lines Why don't we try?

Hints for Original Sentences

① You only need to feel something.

② You don't have to understand the work.

③ You might find something you really like.

④ You'd better take a small notebook to write down the artists' names. Someday, they might become famous.

Writing Time

現代美術館に行く時に覚えておくべき大切なことを2つ考えて 1 と 2 に文を入れて、全文を書こう。

Catchy Sentences

Facts

Punch Lines

上で書いた文を見ないで書いて、見ないで言おう。

Catchy Sentences

Facts

Punch Lines

Topic 48 映画 Movies

Sample Sentences

People around the world love movies.
Why is that?

Facts Movies are just like time machines. They can take you to a different time and place. Here're some reasons why people like movies so much.

1 Original Sentences

2 Original Sentences

Punch Lines After two hours, you might feel different.

Hints for Original Sentences

① They want to see their favorite actors.

② They want to be just like their heroes.

③ They want to enjoy good music and dance.

④ They want to see remakes of famous stories.

Writing Time

みんなが映画を大好きな理由を2つ考えて 1 と 2 に文を入れて、全文を書こう。

Catchy Sentences

Facts

Punch Lines

上で書いた文を見ないで書いて、見ないで言おう。

Catchy Sentences

Facts

Punch Lines

Topic 49 富士山 Mount Fuji

Sample Sentences

Mount Fuji is one of the most famous mountains in the world.

Facts

There're a few things you'd better know before you actually climb it.

1 Original Sentences

2 Original Sentences

Punch Lines

You can even see nice drawings of Mount Fuji in many public baths.

Hints for Original Sentences

① Mount Fuji is 3,776 meters high.

② Mount Fuji is a sacred mountain.

③ You must start climbing at night to see the beautiful sunrise.

④ You can climb it from early July to early September.

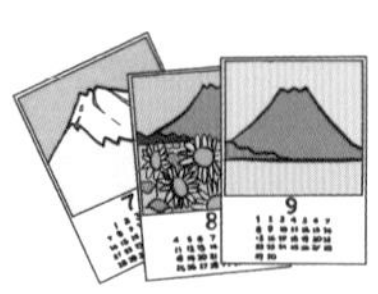

Writing Time

富士山に登る前に知っておいたほうが良いことを2つ考えて 1 と 2 に文を入れて、全文を書こう。

Catchy Sentences

Facts

Punch Lines

上で書いた文を見ないで書いて、見ないで言おう。

Catchy Sentences

Facts

Punch Lines

Topic 50 花粉症 Pollen Allergies

Sample Sentences

Spring is a great season.
But it's the season for pollen allergies, too!
Many Japanese people suffer from them.

Facts

If you suffer from pollen allergies,
you'll get some of the symptoms below.

1 Original Sentences

2 Original Sentences

Punch Lines

Go away pollen allergies! AaaaaAAACHOO!

Hints for Original Sentences

① You can't stop sneezing.

② You get a runny nose.

③ You get a headache.

④ You get itchy eyes.

Writing Time

 花粉症の症状を2つ考えて 1 と 2 に文を入れて、全文を書こう。

Catchy Sentences

Facts

Punch Lines

 上で書いた文を見ないで書いて、見ないで言おう。

Catchy Sentences

Facts

Punch Lines

ラーメン Ramen

Sample Sentences

51

Ramen is so good!
It's an international food nowadays.

Facts

You can find ramen shops in almost any part of the world. Here're two reasons why ramen is popular.

1 Original Sentences

2 Original Sentences

Punch Lines

Without ramen, the world will end!

Hints for Original Sentences

① You can choose from different soup tastes.

② It gives you instant satisfaction.

③ Each ramen shop offers their own original ramen.

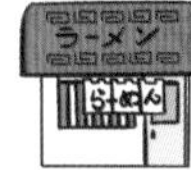

④ Ramen tastes better if you eat it with your friends.

Writing Time

ラーメンが人気の理由を2つ考えて 1 と 2 にに文を入れて、全文を書こう。

Catchy Sentences

Facts

Punch Lines

上で書いた文を見ないで書いて、見ないで言おう。

Catchy Sentences

Facts

Punch Lines

Topic 52

おにぎり Rice Balls

Sample Sentences

52

Rice balls are Japanese people's comfort food. Even in foreign countries, many athletes must have rice balls to win their games.

Facts

Here're some things you need to know about rice balls.

1 Original Sentences

2 Original Sentences

Punch Lines

No rice balls, no Japanese life!

Hints for Original Sentences

① You need rice, salt, and seaweed.

② Usually you put something in the middle, for example, grilled salmon, pickled plums (umeboshi), or dried bonito flakes (okaka).

③ You make a ball / a triangle / an oval.

④ You wrap each one in plastic wrap or aluminum foil.

Writing Time

 おにぎりについて2つ考えて 1 と 2 に文を入れて、全文を書こう。

Catchy Sentences

Facts

Punch Lines

 上で書いた文を見ないで書いて、見ないで言おう。

Catchy Sentences

Facts

Punch Lines

Topic 53

ショッピングモール Shopping Malls

Sample Sentences

Shopping malls are the center of everyday life for many Japanese people.

Facts

Nowadays, big shopping malls have many different kinds of businesses.

1 Original Sentences

2 Original Sentences

Punch Lines

I'd love to live in a shopping mall.

Hints for Original Sentences

① There might be a public bath.

② There might be a small park with a cafe.

③ There might be an art gallery.

④ There might be movie theaters.

Writing Time

大型ショッピングモールにあるかもしれないものを2つ考えて 1 と 2 に文を入れて、全文を書こう。

Catchy Sentences

Facts

Punch Lines

上で書いた文を見ないで書いて、見ないで言おう。

Catchy Sentences

Facts

Punch Lines

Topic 54

たこ焼き
Takoyaki

Sample Sentences

54

According to a survey of what foreign tourists like to eat in Japan, takoyaki is number one in Osaka.

Facts

See below for what you need to make homemade takoyaki.

1 Original Sentences

2 Original Sentences

Punch Lines

If you eat more than 20, you might feel pretty bad afterwards.

Hints for Original Sentences

① You need flour, eggs, cabbage, octopus, and pickled ginger.

② You need a takoyaki pan.

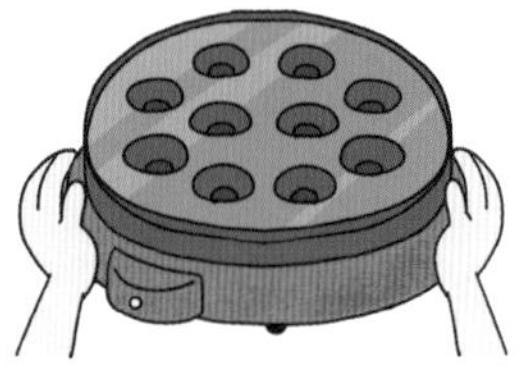

③ For topping, you might want powdered seaweed, mayonnaise, and dried bonito flakes.

④ You need the best takoyaki sauce.

Writing Time

家でたこ焼きを作る時に必要なものを2つ考えて 1 と 2 に文を入れて、全文を書こう。

Catchy Sentences

Facts

Punch Lines

上で書いた文を見ないで書いて、見ないで言おう。

Catchy Sentences

Facts

Punch Lines

Topic 55 ゴッホ Van Gogh

Sample Sentences

Vincent Van Gogh is one of the greatest artists in history. People finally realized he was a genius only after he died.

Facts

Van Gogh's paintings attract many people's attention. Here're some reasons for that.

1 Original Sentences

2 Original Sentences

Punch Lines

Genius is timeless.

Hints for Original Sentences

① He had a dramatic life.

② His paintings are so energetic.

③ His brother supported him well.

Theodorus Van Gogh

④ He sketched so much beautiful scenery.

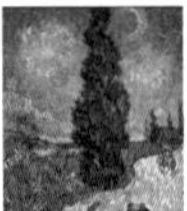

Writing Time

ゴッホの絵が多くの人の注目を集める理由を2つ考えて 1 と 2 に文を入れて、全文を書こう。

Catchy Sentences

Facts

Punch Lines

上で書いた文を見ないで書いて、見ないで言おう。

Catchy Sentences

Facts

Punch Lines

TAGAKI 40

自己診断リスト

これまでのTAGAKIトレーニングはいかがでしたか？　ここでは自分の進捗の度合いを測る「自己診断リスト」を用意しました。下記の4つの項目について、自分の達成度がどのぐらいか、それぞれ自己採点を行いましょう。

① オリジナル文を入れて、全文書けた。

② 書いた文をもう一度見ないで書けた。

③ 見ないで書いた文を暗記して言えた。

④ 気持ちを込めて相手に伝えることができた。

自己採点表		
	これからできるようになる！	0点
	少しならできる！	2点
	時々ならできる！	4点
	だいたいできる！	6点
	ほとんどできる！	8点
	自信をもってできる！	10点

TAGAKI 50

難関コースで仕上げの10題に挑戦！

※ここでは TAGAKI ® 50 の 30 トピックの中から 10 題を抜粋します。

TAGAKI 50 の目標

メンタル

自分の意見を述べ、
「おち」も自分で考える。

スキル

検索結果を反映し、
50語前後の英文を書く。

メンタル

自分で「おち」まで考え、独自性を発揮しよう！

TAGAKI 50では、トピックについて調べた検索結果を英文に反映し、自分の「意見」を加えて、最後の話の締めくくりとなる**「おち」(Punch Lines)も自分で考えて書きます**。ここでも「つかみ」(Catchy Sentences)と「事実」(Facts)のリード文はすでに提示してあり、トピックの切り取り方を限定しています。ですから、内容が大きくそれる心配はありません。リード文に続き、検索して調べた事実を書き加える空欄(Search)が用意してあります。自分なりに調べた結果を反映させましょう。

TAGAKI 50では、これまでの「つかみ」(Catchy Sentences)、「事実」(Facts)、「おち」(Punch Lines)に加え、自分の「意見」(Opinions)を述べる項目も加え、**4段構成**としました。与えられたトピックについて、時には「特に意見がない」、「考えたこともない」という場合もあるでしょう。自分が何を考えているかは無意識な部分にとどまっていることも多く、それを引き出すには練習が必要だからです。TAGAKI 50では「初めから自分の意見を書くのは無理！」という人のために、ヒントを2つ提供しています。それを参考にしてどうにか自分の意見をひねり出してください。

そして最後に「おち」(Punch Lines)で自分の独自性を出しましょう。ここでも見本としてヒントを1つだけ出しています。この「おち」こそ、自分の独自性を存分に発揮できるところです。これまでTAGAKI 20から取り組んできた練習を思い出してください。

検索結果を英文に活かすには？

何をどのように検索すればよいのでしょうか？　まずは日本語で検索して、おおよその背景知識を得るのは良い方法です。例えば「アルパカ」というトピックの場合、「アルパカ」だけを検索すると、世界中にいるアルパカのことが出てきます。しかし、ここであえて日本にいるアルパカなどのように限定すると、日本全国にある牧場や動物園についての検索結果が出てきます。他にもアルパカと「性格」や「生息地」を組み合わせて検索するなど、内容を限定していくと、書きやすくなります。もちろんアルパカについてもっと基本的なことを検索した結果を書いても構いません。

次に英語で検索した結果を見て、自分が必要な単語やフレーズを拾うことで、英文をまとめましょう。検索結果で面白いと思った事実をすでに書いてある事実に書き加えてください。

自分で調べた検索結果も加えたそれらの事実をもとにして、自分の意見と「おち」を考えていきます。TAGAKI 50 では具体的な意見を書いていくためのヒント（Hints for Opinions）の中に、様々なリード文を用意しました。例えば、

- It's amazing that... （びっくりしたことは～）
- It's interesting that... （面白いことは～）
- It's unbelievable that... （信じがたいことは～）
- I wonder why... （なぜだろうと思うのは～）
- I want to know more about... （自分がもっと知りたいことは～）

このような文を参考にしながら、自分の意見や気持ち、感想をまとめていくのがよいと思います。

またパンチラインの見本として、1 つだけヒント（Hints for Punch Lines）を出していますが、このパンチラインこそは自分の独自性を出せるところです。面白い「おち」を思いつくには、練習あるのみです。これまでトレーニングを続けてきた成果を活かして、がんばってください！

なお、TAGAKI 50では日本の話題と世界の話題をバランス良く取りそろえました。ただし、急速にグローバル化した現在の世界において、両者の区別を厳密につけることは不可能です。日本の話題は世界の話題であり、その逆もまた真なのです。

TAGAKI 50の進め方

TAGAKI 50ではそれぞれのトピックのテーマについて検索し、その結果を英文に盛り込みつつ、独自性を出していきます。自分の意見も加え、さらに「おち」となるパンチラインも自分で考えます。トレーニングは下記の手順で進めます。

考える

Step 1 まず、「つかみ」を読み、テーマがわかったら、スマホやパソコン、タブレット、本などを使って検索しましょう。検索結果はメモを取っておくと便利です。

Step 2 音声を確認しましょう。

書く

Step 3 「つかみ」と「事実」のリード文を書き写し、次に、リード文に書かれている内容以外で、自分が検索した結果で面白かったものを書き加えましょう。次に、ヒントのⒶⒷを参考にして、自分の意見をまとめて書きましょう。そしていよいよ、「おち」のパンチラインも自分で書きます。1つだけはヒントが載っていますが、もちろんこれに従う必要はありません。自分独自のパンチラインを考えられるのも大歓迎です。

Step 4 Step 3で書いた文を全部もう一度、見ないで書きましょう。

伝える

Step 5 書き終えたら、全文を暗記して声に出して言いましょう。

文の構成

1. **Catchy Sentences（つかみ）** これからこのような話をすると、端的に相手にわからせ、ひきつけるようなことを書きます。
2. **Facts（事実）** つかみを裏づける説明や事実関係、理由などを書きます。
3. **Opinions（意見）** 自分の意見や学んだことなどを書きます。
4. **Punch Lines（おち）** 話の締めくくりになることを書きます。

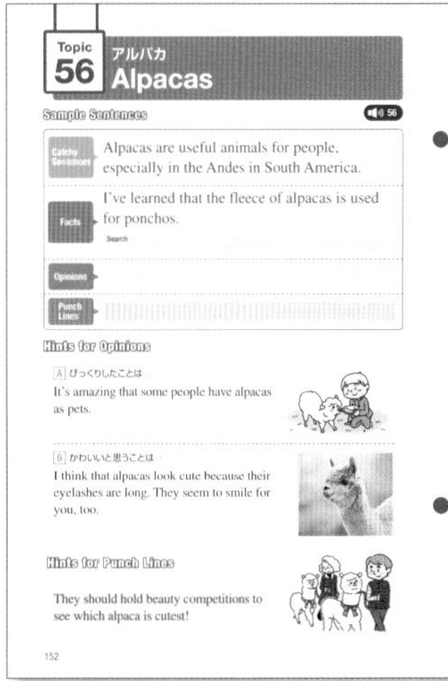

Topic 56 アルパカ **Alpacas**

Sample Sentences 56

Catchy Sentences	Alpacas are useful animals for people, especially in the Andes in South America.
Facts	I've learned that the fleece of alpacas is used for ponchos. Search
Opinions	
Punch Lines	

Hints for Opinions

A びっくりしたことは
It's amazing that some people have alpacas as pets.

B かわいいと思うことは
I think that alpacas look cute because their eyelashes are long. They seem to smile for you, too.

Hints for Punch Lines

They should hold beauty competitions to see which alpaca is cutest!

152

考える

Step 1

トピックについて考えましょう。
Sample Sentencesの【Catchy Sentences】と【Facts】のリード文を読んで、テーマの内容について自分で検索しましょう。検索内容は右ページにメモしましょう。

Step 2

Sample Sentences、Hints for Opinions、Hint for Punch Linesの音声をチェックしましょう。

書く

7～10分で書きましょう。

Step 3

Sample Sentencesの【Catchy Sentences】と【Facts】のリード文を書き写し、自分が検索した結果で面白かった内容を選び、【Facts】に書き加えましょう。
Hints for Opinionsを参考にして、【Opinions】に自分の意見を書きましょう。
Hint for Punch Linesを参考にして、【Punch Lines】に自分オリジナルのパンチラインを書きましょう。

Step 4

Step 3で書いた文を今度は何も見ずに、もう一度書きましょう。

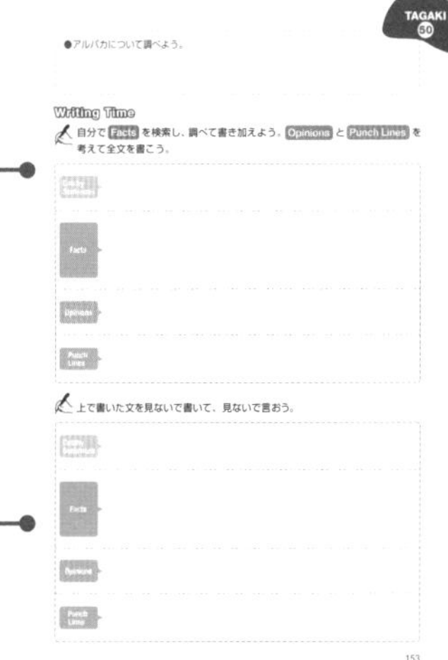

TAGAKI 50

●アルパカについて調べよう。

Writing Time

自分で Facts を検索し、調べて書き加えよう。Opinions と Punch Lines を考えて全文を書こう。

上で書いた文を見ないで書いて、見ないで言おう。

153

伝える

Step 5

Step 4で書いた文を覚えたら、声に出して言いましょう。

Topic 56

アルパカ

Alpacas

Sample Sentences

Alpacas are useful animals for people, especially in the Andes in South America.

I've learned that the fleece of alpacas is used for ponchos.

Search

Opinions

Punch Lines

Hints for Opinions

A びっくりしたことは…

It's amazing that some people have alpacas as pets.

B かわいいと思うことは…

I think that alpacas look cute because their eyelashes are long. They seem to smile for you, too.

Hint for Punch Lines

They should hold beauty competitions to see which alpaca is cutest!

●アルパカについて調べよう。

Writing Time

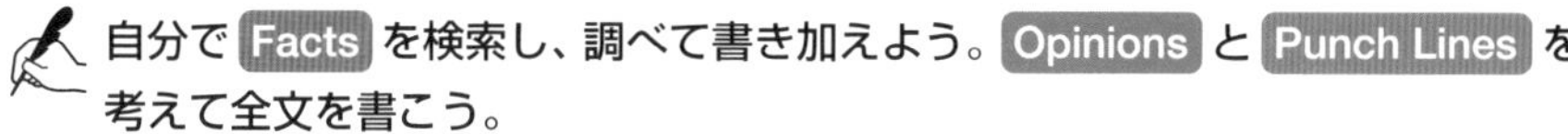

自分で Facts を検索し、調べて書き加えよう。Opinions と Punch Lines を考えて全文を書こう。

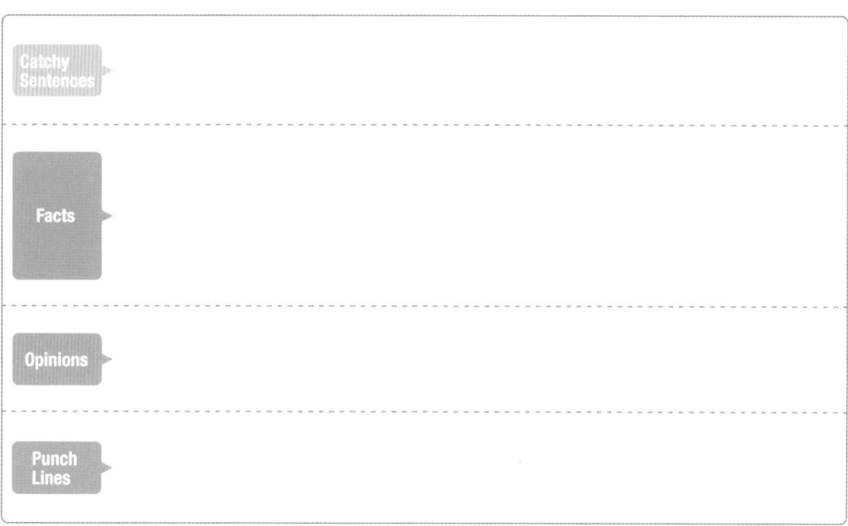

上で書いた文を見ないで書いて、見ないで言おう。

Topic 57

盆栽 Bonsai Trees

Sample Sentences

57

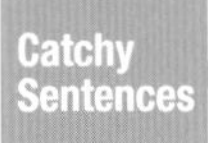

Bonsai trees are amazing!
They're often called "living art."

I didn't know that bonsai trees are becoming more and more popular in many foreign countries.

Search

Opinions

Punch Lines

Hints for Opinions

A 信じがたいことは…

It's unbelievable that some of them have tiny real fruit such as persimmons and apples.

B 誇りに思うことは…

I'm proud that bonsai trees are a wonderful part of Japanese tradition.

Hint for Punch Lines

Wouldn't it be fun if we could grow bonsai pets? I could have a real mini-elephant on my hand!

●盆栽の世界について調べよう。

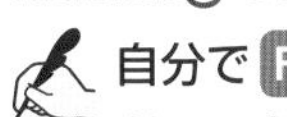

自分で Facts を検索し、調べて書き加えよう。Opinions と Punch Lines を考えて全文を書こう。

Catchy Sentences

Facts

Opinions

Punch Lines

上で書いた文を見ないで書いて、見ないで言おう。

Catchy Sentences

Facts

Opinions

Punch Lines

Topic 58

江戸時代 Edo Period

Sample Sentences

58

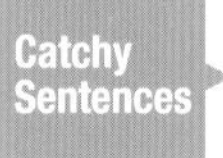

Many people believe that the people of the Edo period enjoyed an advanced culture.

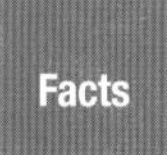

People enjoyed such cultural performances as sumo, rakugo (comic stories), and kabuki.

Search

Opinions

Punch Lines

Hints for Opinions

A 自分が知りたいことは…

I want to know more about Matsuo Basho (1644-1694) who wrote haiku that many people can recite even today.

B 偉大なことは…

It's great that Katsushika Hokusai (1760-1849) produced his world famous drawings.

Hint for Punch Lines

Basho's most famous haiku reads: "An ancient pond / a frog jumps in / the splash of water." People all over the world know Hokusai's print "The Great Wave off Kanagawa."

●江戸時代の文化レベルの高さについて調べよう。

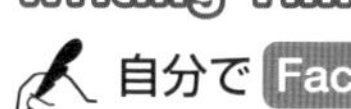

自分で Facts を検索し、調べて書き加えよう。Opinions と Punch Lines を考えて全文を書こう。

Catchy Sentences

Facts

Opinions

Punch Lines

上で書いた文を見ないで書いて、見ないで言おう。

Catchy Sentences

Facts

Opinions

Punch Lines

Topic 59 温泉の効能 Hot Spring Effects

Sample Sentences

People think some hot springs can heal physical problems such as knee pain, backache, and stiff shoulders.

Many samurai used hot springs to heal their wounds.

Search

Opinions

Punch Lines

Hints for Opinions

A 信じていることは…

I believe that the biggest effect of hot springs is to make people feel relaxed.

B ニホンザルでさえ…

Even Japanese monkeys enjoy hot springs. Maybe they know the effects.

Hint for Punch Lines

I always fall asleep in hot springs just like the monkeys!

●温泉の効能について調べよう。

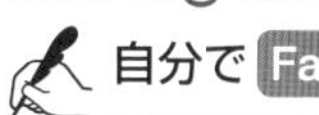

Writing Time

自分で Facts を検索し、調べて書き加えよう。Opinions と Punch Lines を考えて全文を書こう。

Catchy Sentences

Facts

Opinions

Punch Lines

上で書いた文を見ないで書いて、見ないで言おう。

Catchy Sentences

Facts

Opinions

Punch Lines

柔道 Judo

Sample Sentences

60

Catchy Sentences	Judo is an international sport. It became one of the Olympic sports in 1964.
Facts	Judo is popular in countries such as France, Mongolia, and Russia. Search
Opinions	
Punch Lines	

Hints for Opinions

A びっくりしたことは…

It's amazing that even very young children do judo in France.

B 理解したことは…

I understand that judo is popular in many countries, because people learn courtesy and respect.

Hint for Punch Lines

Q: What color will you be if you're bad at judo?

A: Black and blue! (bruises)

●柔道は国際的なスポーツだということについて調べよう。

Writing Time

自分で Facts を検索し、調べて書き加えよう。Opinions と Punch Lines を考えて全文を書こう。

上で書いた文を見ないで書いて、見ないで言おう。

Catchy Sentences

Facts

Opinions

Punch Lines

Topic 61

マチュピチュ Machu Picchu

Sample Sentences

🔊 61

The Inca Empire built Machu Picchu 2,430 meters above sea level. Why?

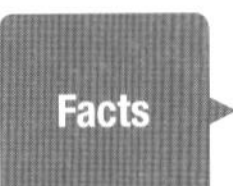

The Inca people wanted to live in a safe place.

Search

Opinions

Punch Lines

Hints for Opinions

A 面白いことは…

It's interesting that Cusco, the capital city of the Inca Empire, is 1,000 meters higher than Machu Picchu.

B 残念だったのは…

It was too bad that the Incas didn't have a writing system.

Hint for Punch Lines

I wish I could eat Inca potatoes.

●マチュピチュの不思議について調べよう。

Writing Time

自分で Facts を検索し、調べて書き加えよう。Opinions と Punch Lines を考えて全文を書こう。

上で書いた文を見ないで書いて、見ないで言おう。

Catchy Sentences

Facts

Opinions

Punch Lines

Topic 62

ノーベル賞 Nobel Prize

Sample Sentences

Twenty-three Nobel Prizes have been awarded to Japanese people, as of 2017.

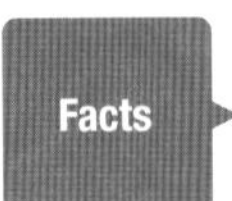

The award ceremony is held on December 10th, the anniversary of Alfred Nobel's death.

Search

Opinions

Punch Lines

Hints for Opinions

A なぜだろうと思うのは…

I wonder why Japanese scientists' strong areas are physics, chemistry, physiology, and medicine.

B 誇りに思うことは…

I'm proud of our scientists, although I'm not good at science.

Hint for Punch Lines

If there was a Nobel Prize for telling bad jokes, or not doing my homework, I would have won it.

●日本人科学者のノーベル賞受賞について調べよう。

Writing Time

自分で Facts を検索し、調べて書き加えよう。Opinions と Punch Lines を考えて全文を書こう。

上で書いた文を見ないで書いて、見ないで言おう。

Topic 63

雪まつり Snow Festival

Sample Sentences

The Snow Festival in Sapporo is a huge winter festival.

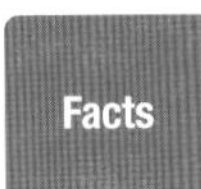

A group of junior and senior high school students made the first snow sculptures in 1950.

Search

Opinions

Punch Lines

Hints for Opinions

A 魅力的なのは…

It's fascinating that some works are huge, but have finely made details.

B 素晴らしいことは…

It's great that this festival attracts more than two million (2,000,000) visitors every year.

Hint for Punch Lines

I know it's strange, but I like to eat ice cream while I look at the snow sculptures.

●さっぽろ雪まつりについて調べよう。

Writing Time

自分で Facts を検索し、調べて書き加えよう。Opinions と Punch Lines を考えて全文を書こう。

上で書いた文を見ないで書いて、見ないで言おう。

Topic 64

広がる汚染 Spreading Pollution

Sample Sentences

64

Do you know anything about yellow sand and PM2.5?

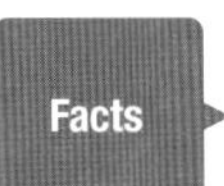

Yellow sand is carried on high winds from the Gobi and Taklamakan Deserts.

Search

Opinions

Punch Lines

Hints for Opinions

A 怖いことは…

It's scary that the particles of PM2.5 are as small as 1/30 (one-thirtieth) of a hair and can enter our lungs easily.

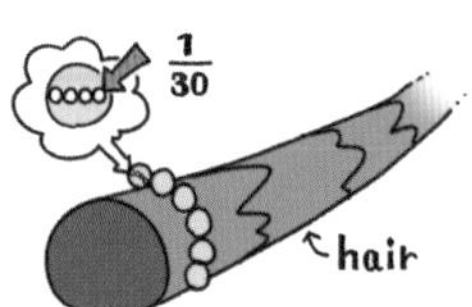

B 私たちがするべきことは…

We should be more conscious of air pollution problems.

Hint for Punch Lines

We all need to stop polluting the air we breathe!

● PM2.5と黄砂について調べよう。

Writing Time

自分で Facts を検索し、調べて書き加えよう。Opinions と Punch Lines を考えて全文を書こう。

上で書いた文を見ないで書いて、見ないで言おう。

Topic 65 クジラの歌 Whale Songs

Sample Sentences

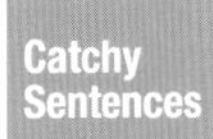

Humpback whales sing.
Their songs sound like squeaks or whistles.

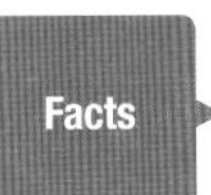

It's well known that their songs are used to express love or to communicate with each other.

Search

Opinions

Punch Lines

Hints for Opinions

A 驚いたことは…

It's surprising that their songs can continue from several minutes to half an hour.

B なぜだろうと思うことは…

I wonder why their songs can be heard thousands of kilometers away. For example, they can be heard from Japan to Hawaii.

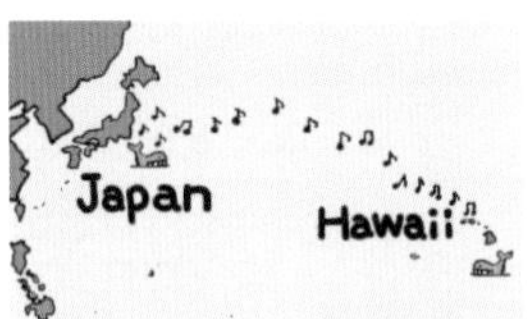

Hint for Punch Lines

It must be hard for whales to keep secrets if all the other whales can hear them thousands of kilometers away!

●クジラの歌について調べよう。

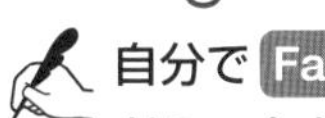

自分で Facts を検索し、調べて書き加えよう。Opinions と Punch Lines を考えて全文を書こう。

Catchy Sentences

Facts

Opinions

Punch Lines

上で書いた文を見ないで書いて、見ないで言おう。

Catchy Sentences

Facts

Opinions

Punch Lines

TAGAKI 50

自己診断リスト

これまでのTAGAKIトレーニングはいかがでしたか？　ここでは自分の進捗の度合いを測る「自己診断リスト」を用意しました。下記の4つの項目について、自分の達成度がどのぐらいか、それぞれ自己採点を行いましょう。

① トピックについて検索したことを1文書けた。

② 検索したことについて、自分の意見を1文書けた。

③ パンチラインを考えて1文書けた。

④ 全文暗記して書いて、相手に伝えることができた。

自己採点表		
	これからできるようになる！	0点
	少しならできる！	2点
	時々ならできる！	4点
	だいたいできる！	6点
	ほとんどできる！	8点
	自信をもってできる！	10点

● TAGAKI シリーズは mpi 松香フォニックスと松香洋子が
開発したライティング教材です。

松香洋子 Yoko Matsuka mpi 松香フォニックス 名誉会長

玉川大学文学部英米文学科、早稲田大学英語学専攻科卒業、カリフォルニア州立大学大学院修了。オランダユトレヒト大学客員研究員として英語教育を研究。現在、株式会社 mpi 松香フォニックス名誉会長。
日本にはじめて本格的にフォニックス学習を導入、1979 年に松香フォニックス研究所を設立。読み書き指導中心の日本の英語教育に疑問を持ち、40 年以上にわたり「英語でコミュニケーションができ、国際的なマナーを身につけた子ども」を育てる児童英語教育の普及に貢献してきた。述べ 2000 件を超える全国の小学校・自治体・英語教育機関で講演・顧問・研修活動を行う。著書多数。2005 年 宮沢賢治学会イーハトーブ賞奨励賞受賞。2008 年 英国国際研究所第一回国際言語教育賞「ことばと教育」児童英語部門伊藤克敏賞受賞。

● TAGAKI をもっと知りたい方はこちら
https://tagaki.jp

● TAGAKI に関するセミナーはこちら
https://www.mpi-j.co.jp/seminar/
mpi TAGAKI セミナー で検索

英語で TAGAKI® トレーニング

2021 年 8 月 10 日　第 1 版第 1 刷発行

著者：株式会社 mpi 松香フォニックス

装丁・本文デザイン：松本田鶴子
校正：高橋清貴

発行人：坂本由子
発行所：コスモピア株式会社
〒 151-0053　東京都渋谷区代々木 4-36-4　MC ビル 2F

営業部：TEL: 03-5302-8378 email: mas@cosmopier.com
編集部：TEL: 03-5302-8379 email: editorial@cosmopier.com

https://www.cosmopier.com/　[コスモピア・全般]
https://www.e-st.cosmopier.com/　[コスモピア e ステーション]
https://www.kids-ebc.com/　[子ども英語ブッククラブ]

印刷：シナノ印刷株式会社

「さらに拡がる、TAGAKI®ワールド！」

全65トピックを通じた「英語でTAGAKIトレーニング」はいかがでしたか？「まだまだ物足りない！」「各ステージのトピックをもっと練習したい！」。そんな方におすすめなのが、TAGAKIの基礎コースであるシリーズ1の「TAGAKI10 / 20 / 30 / 40 / 50」（計5冊）です。本書に収録した65のトピックを含む、5冊合計で150のトピック（各冊は30トピック）を扱っています。

さらに「次のレベルに進みたい！」という方におすすめなのが、シリーズ2の「TAGAKI Advanced 1 / 2 / 3」（計3冊）です。上級コースとなりますが、TAGAKI（多書き）の基本的なコンセプトである「考える→書く→伝える」のスタンスは変わりません。本書で培った「添削を恐れず、自分の意見や立場をためらうことなく表現する力」をここでも存分に発揮しましょう。

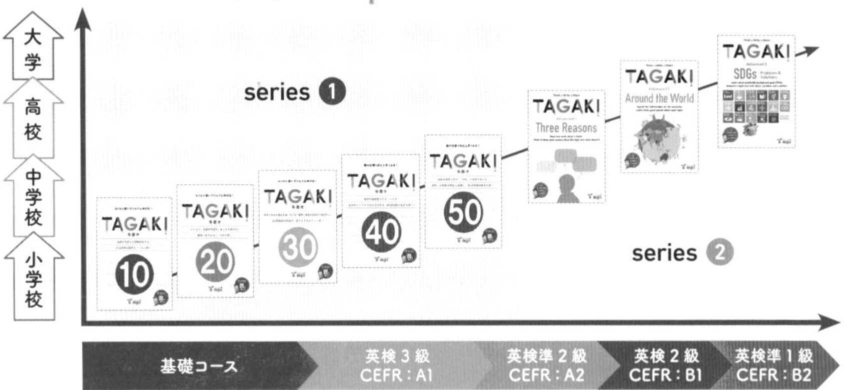

TAGAKIシリーズは、シリーズ1の5冊に、シリーズ2（Advanced）の3冊を併せた計8冊。基礎レベルから始まって英検準1級レベルまでの内容を段階的に学習することができる。

シリーズ 1　TAGAKI 10 / 20 / 30 / 40 / 50

はじめの5冊は基礎コースです。たった10語前後の短い英文から始めて、最後には50語前後のまとまった英文を書いていきます。「考える→書く→伝える」をそれぞれのテキストで30回繰り返し、全部で150のトピックにふれます。このシリーズ1は教材であると同時に、ライティング力を身につけるための学習システムでもあります。

シリーズ 2　TAGAKI Advanced 1/2/3

上級コースであるシリーズ2では学習者は、学んだスキルを生かして、さらに深く自分を見つめ、広く世界を知り、自分の意見を構築して他者に伝える力をつけていきます。

Three Reasons

どんな内容についても、3つの理由を挙げて、楽しいエッセイを書く力をつけます。与えられたトピックについて、ユニークな自分の考えを展開しよう。

Around the World

30のユニークなトピックとともに、193カ国を巡る地球一周。すべての国々に興味・関心を持ち、各国の自然、歴史、文化等をリスペクトしよう。

SDGs : Problems & Solutions

話題のSDGs（Sustainable Development Goals= 持続可能な開発目標）の17の目標を知って、自分事とする。

本書のご意見・ご感想をお聞かせください！

本書をお買い上げいただき、誠にありがとうございます。
今後の出版の参考にさせていただきたいので、ぜひ、ご意見・ご感想をお聞かせください。（PC またはスマホで下記のアンケートフォームよりお願いいたします）

アンケートにお答えいただいた方の中から抽選で毎月 10 名の方に、コスモピア・オンラインショップ（https://www.cosmopier.net/）でお使いいただける 500 円のクーポンを差し上げます。
当選メールをもって発表にかえさせていただきます。

https://bit.ly/2SJ1ST1